REIS, GEWÜRZE UND ALLES GUTE - DIE BIBEL DER PAELLA

Entdecken Sie das reiche Erbe und die vielfältigen Aromen von Spaniens geschätztem Gericht

ANNELIESE ENGEL

Urheberrechte © Material ©2023

Alle Rechte Reserviert.

NEIN Teil oder Das Buch Mai Sei gebraucht oder übermittelt In beliebig bilden oder von beliebig bedeutet ohne Die sauber geschrieben Zustimmung oder Die Herausgeber Und Urheberrechte © Eigentümer außer für Brief Zitate gebraucht In A Rezension. Das Buch sollen nicht Sei berücksichtigt A Ersatz für medizinisch, legal, oder andere Fachmann Beratung.

INHALTSVERZEICHNIS

INHALTSVERZEICHNIS 3
EINFÜHRUNG 6
PAELLA MIT FISCH UND MEERESFRÜCHTEN 8
   1. GARNELEN-COUSCOUS-PAELLA 9
   2. WOLFSBARSCH-PAELLA 11
   3. MEERESFRÜCHTE-CHEDDAR-PAELLA 13
   4. ALASKA-MEERESFRÜCHTE-PAELLA 16
   5. GARNELEN-CHORIZO-PAELLA 18
   6. GARNELEN-REIS-PAELLA 20
   7. SEETEUFEL-MUSCHEL-PAELLA 22
   8. HUMMER-PAELLA 25
   9. GEMISCHTE PAELLA MIT MEERESFRÜCHTEN UND HÜHNCHEN 28
   10. TINTENFISCH-PAELLA MIT MEERESFRÜCHTEN 30
   11. HUMMER- UND JAKOBSMUSCHEL-PAELLA 32
   12. GEMISCHTE MEERESFRÜCHTE UND CHORIZO-PAELLA 34
   13. MUSCHEL-WURST-PAELLA 36
   14. LACHS-SPARGEL-PAELLA 38
GEFLÜGEL-PAELLA 40
   15. HÜHNCHEN-, GARNELEN- UND CHORIZO-PAELLA 41
   16. SCHNELLKOCHTOPF-HÄHNCHEN-PAELLA MIT MEERESFRÜCHTEN 44
   17. HÜHNCHEN-SPARGEL-PAELLA 47
   18. HÜHNCHEN-MAIS-PAELLA 50
   19. PAELLA MIT GEGRILLTEM HÄHNCHEN, WURST UND GARNELEN 52
   20. PAELLA MIT HÜHNCHEN UND SCHWARZEN BOHNEN 55
   21. PAELLA MIT HÜHNCHEN UND ITALIENISCHER WURST 57
   22. PAELLA-SALAT MIT HÜHNCHEN UND MEERESFRÜCHTEN 60
   23. HÜHNCHEN-LIMABOHNEN-PAELLA 63
   24. PAELLA MIT HÜHNCHEN UND SONNENGETROCKNETEN TOMATEN 65
   25. SPANISCHE HÜHNCHEN-MUSCHEL-PAELLA 68
   26. TRUTHAHN-GEMÜSE-PAELLA 71
   27. ENTEN-PILZ-PAELLA 73
   28. CORNISH HEN UND CHORIZO PAELLA 75
   29. PAELLA MIT TRUTHAHN UND MEERESFRÜCHTEN 77
WILDFLEISCH-PAELLA 79
   30. WILD- UND WILDPILZ-PAELLA 80
   31. WILDSCHWEIN-CHORIZO-PAELLA 82
   32. FASANEN-GEMÜSE-PAELLA 84
   33. ELCH-SPARGEL-PAELLA 86
   34. BISON-GEMÜSE-PAELLA 88
   35. WILDENTEN-KASTANIEN-PAELLA 90
   36. WACHTEL- UND KÜRBIS-PAELLA 92
   37. WILDER TRUTHAHN UND CRANBERRY-PAELLA 94
   38. BISON-MAIS-PAELLA 96

39. Kaninchen-Kirsch-Paella 98
40. Wachtel-Pilz-Paella 100
41. Kaninchen-Gemüse-Paella 102
42. Hühnchen-, Kaninchen- und Chorizo-Paella 104

PASTA-PAELLA **106**
43. Paella Primavera 107
44. Pasta-Paella mit Muscheln und scharfer Wurst 109
45. Spanische Nudel-Paella (Fideuà) 112
46. Schalentiernudeln nach Paella-Art 115
47. Hühnchen-Chorizo-Pasta-Paella 117
48. Paella mit Gemüse- und Pilznudeln 119
49. Garnelen und Chorizo Orzo Paella 121
50. Pasta-Paella mit Hühnchen und grünen Bohnen 123
51. Penne Paella mit Spinat und Artischocke 125
52. Gemüse-Paella mit Orzo 127
53. Orzo-Paella mit Wurst und Pilzen 129
54. Garnelen-Spargel-Orzo-Paella 131

FLEISCH-PAELLA **133**
55. Paella mit grünen Tomaten und Speck 134
56. Speck-Kimchi-Paella mit Hühnchen 136
57. Paella mit Rindfleisch und Meeresfrüchten 139
58. Schweinefleisch und Chorizo Paella 141
59. Lamm-Gemüse-Paella 143
60. Paella mit Truthahn und Meeresfrüchten 145
61. Paella mit Schweinefleisch und Meeresfrüchten 147
62. Rindfleisch-Pilz-Paella 149
63. Kalbfleisch und grüne Erbsen-Paella 151
64. Rindfleisch-Brokkoli-Paella 153

VEGETARISCHE PAELLA **155**
65. Gegrillte vegetarische Paella 156
66. Geräucherte Tofu-Paella 159
67. Pilz-Gemüse-Paella 161
68. Mais-Paprika-Paella 163
69. Brokkoli-, Zucchini- und Spargel-Paella 165
70. Artischocken-Kidneybohnen-Paella 167
71. Pilz-Artischocken-Paella 169
72. Spinat-Kichererbsen-Paella 171
73. Spargel-Tomaten-Paella 173
74. Auberginen-Oliven-Paella 175
75. Brokkoli und sonnengetrocknete Tomaten-Paella 177
76. Lauch-Pilz-Paella 179
77. Butternusskürbis und Granatapfel-Paella 181
78. Paella mit Süßkartoffeln und schwarzen Bohnen 183

REGIONALE VARIATIONEN **185**
79. New Orleans Paella 186
80. Westindische Paella 189

81. WESTAFRIKANISCHE JOLLOF-REIS-PAELLA 192
82. PAELLA ALLA VALENCIANA 194
83. PAELLA NACH MEXIKANISCHER ART 196
84. SPANISCHE KÜSTENPAELLA 198
85. PAZIFISCHE PAELLA 200
86. KATALANISCHE PAELLA 202
87. PAELLA NACH PORTUGIESISCHER ART 204
88. SÜDWEST-PAELLA 207
89. ARAGON MOUNTAIN PAELLA 210
90. BASKISCHE MEERESFRÜCHTE-PAELLA (MARMITAKO) 212
91. ARROZ A BANDA – AUS ALICANTE 214
92. SEPHARDISCHE MEERESFRÜCHTE-PAELLA (ARROZ DE PESAJ) 216

FRUCHTIGE PAELLA 218
93. MANGO-CASHEW-PAELLA 219
94. ANANAS-KOKOS-PAELLA 221
95. ORANGEN-MANDEL-PAELLA 223
96. APFEL-ROSINEN-PAELLA 225
97. FEIGEN-WALNUSS-PAELLA 227
98. BIRNEN-GORGONZOLA-PAELLA 229
99. HIMBEER-BRIE-PAELLA 231
100. KIWI- UND MACADAMIANUSS-PAELLA 233

SCHLUSSFOLGERUNG 235

EINFÜHRUNG

Treten Sie ein in die lebendige Welt der Paella, in der jedes Reiskorn eine Geschichte erzählt und jedes Gewürz zu einer Symphonie der Geschmäcker beiträgt, die auf dem Gaumen tanzen. „Reis, Gewürze und alles Schöne: Die Paella-Bibel" ist nicht nur ein Kochbuch; Es ist eine kulinarische Reise, die Sie dazu einlädt, das reiche Erbe und die vielfältigen Geschmacksrichtungen des beliebtesten Gerichts Spaniens zu erkunden. Paella, tief in der spanischen Tradition verwurzelt, ist mehr als eine Mahlzeit – es ist ein Erlebnis, das Menschen an einem Gemeinschaftstisch versammelt und eine Feier des Lebens, der Liebe und des puren Vergnügens einer außergewöhnlichen Küche fördert.

Während wir uns auf diese kulinarische Expedition begeben, stellen Sie sich die sonnenverwöhnten Landschaften Spaniens vor, wo sich der Duft von Safran mit der Meeresbrise vermischt und das rhythmische Brutzeln von Paellapfannen durch geschäftige Märkte und Familientreffen hallt. In „Reis, gewürze und alles gute - die bibel der paella" tauchen wir in das Herz der Paella ein, entdecken ihre kulturelle Bedeutung und lüften die Geheimnisse, die sie von einem Gericht in eine kulturelle Ikone verwandeln.

Dieses Kochbuch dient Ihnen als Wegweiser zum Paella-Meister, unabhängig von Ihrem kulinarischen Können. Ganz gleich, ob Sie ein erfahrenes Kochmesser in der Hand haben oder gerade Ihre ersten Schritte in der Küche machen: Entdecken Sie mit uns die Geschichte, regionale Variationen, wesentlichen Zutaten und Kochtechniken, die jede Paella zu einem kulinarischen Meisterwerk machen. Hier verfeinern Sie nicht nur Ihre Kochkünste, sondern tauchen auch in die leuchtenden Farben und verlockenden Aromen der authentischen spanischen Küche ein.

Also, lasst die Reise in die Welt von „Reis, gewürze und alles gute - die bibel der paella" beginnen. Von traditionellen Rezepten, die über Generationen weitergegeben wurden, bis hin zu modernen Variationen, die die Grenzen des Geschmacks erweitern, ist diese Paella-Bibel Ihr umfassender Leitfaden. Egal, ob Sie sich von der zeitlosen Faszination eines valencianischen Klassikers angezogen fühlen oder sich von innovativen Variationen verführen lassen, diese Seiten sind eine Fundgrube kulinarischer Inspiration und laden Sie dazu ein, Ihre Küche in eine spanische Oase der Aromen zu verwandeln.

Möge Ihr kulinarisches Abenteuer so schmackhaft und erfüllend sein wie eine perfekt zubereitete Paella. Freuen Sie sich auf die Freude am Kochen, die Freude am Entdecken und die reiche Vielfalt an Geschmacksrichtungen, die Sie in der faszinierenden Welt der Paella-Meisterschaft erwarten.

PAELLA MIT FISCH UND MEERESFRÜCHTEN

1. Garnelen-Couscous-Paella

ZUTATEN:
- ½ Pfund entbeinte, enthäutete Hähnchenbrust, in ½-Zoll-Stücke geschnitten
- ¼ Tasse Wasser
- 1 (1½ Unzen) Dose Hühnerbrühe
- ¾ Pfund mittelgroße frische Garnelen, geschält und entdarmt
- ½ Tasse gefrorene grüne Erbsen
- ⅓ Tasse gehackte rote Paprika
- ⅓ Tasse dünn geschnittene Frühlingszwiebeln
- 2 Knoblauchzehen, gehackt
- ½ Teelöffel Salz
- ¼ Teelöffel Pfeffer
- Eine Prise gemahlener Safran
- 1 Tasse ungekochter Couscous

ANWEISUNGEN:

a) Kombinieren Sie Hühnchen, Wasser und Hühnerbrühe in einer 2-Liter-Auflaufform. Mit einem Deckel abdecken.
b) 4-5 Minuten lang auf höchster Stufe in der Mikrowelle erhitzen.
c) Die Garnelen und die nächsten 7 Zutaten (Erbsen, rote Paprika, Frühlingszwiebeln, Knoblauch, Salz, Pfeffer und Safran) unterrühren. Abdecken und weitere 3½ bis 4½ Minuten in der Mikrowelle erhitzen, oder bis die Garnele rosa wird und gar ist.
d) Den Couscous einrühren, abdecken und 5 Minuten ruhen lassen.

2. Wolfsbarsch-Paella

ZUTATEN:
- 5 Unzen Wildreis
- 2 Unzen Erbsen
- 1 rote Paprika, entkernt und gehackt
- 14 Unzen trockener Weißwein
- 3½ Unzen Hühnerbrühe
- 1 Pfund Wolfsbarschfilets, gewürfelt
- 6 Jakobsmuscheln
- 8 Garnelen, geschält und entdarmt
- Salz und schwarzer Pfeffer nach Geschmack
- Ein Spritzer Olivenöl

ANWEISUNGEN:
a) Geben Sie alle Zutaten in eine hitzebeständige Schüssel, die zu Ihrer Heißluftfritteuse passt, und vermengen Sie sie.
b) Legen Sie das Gericht in Ihre Heißluftfritteuse und garen Sie es bei 380 Grad F und garen Sie es 25 Minuten lang, wobei Sie nach der Hälfte der Zeit umrühren.
c) Auf Teller verteilen und servieren.

3. Meeresfrüchte-Cheddar-Paella

ZUTATEN:
- 12 kleine Muscheln in ihren Schalen
- 2 Pfund Garnelen, geschält und entdarmt
- 4 Esslöffel Olivenöl
- 1 Esslöffel Butter
- 1 Tasse Langkornreis
- 1 Teelöffel Salz
- 1 Lorbeerblatt
- 1 Würfel Hühnerbrühe
- 20 Knoblauchzehen, fein gehackt
- 2 mittelgroße Zwiebeln, fein gehackt
- 2 grüne Paprika, fein gehackt
- 2 große Tomaten, geschält und gehackt
- ½ Tasse mit Pimiento gefüllte Oliven, in Scheiben geschnitten
- 2 Teelöffel Paprika
- ⅛ Teelöffel Cayennepfeffer
- 1 ½ Tassen Cheddar-Käse, gerieben

ANWEISUNGEN:

a) Beginnen Sie damit, die Muscheln und Garnelen gründlich zu waschen. Die Muscheln mit 6 Tassen Wasser in einen Topf geben und zum Kochen bringen. Die Garnelen dazugeben und bei starker Hitze zugedeckt 5 Minuten garen. Vom Herd nehmen, die Schalentierflüssigkeit abgießen, sodass 2 ¼ Tassen entstehen, und die Muscheln und Garnelen in der restlichen Brühe beiseite stellen, um sie warm zu halten.

b) 2 Esslöffel Olivenöl und Butter in einem 3-Liter-Topf erhitzen. Den Reis dazugeben und umrühren, bis er gut bedeckt ist. Fügen Sie die reservierten 2 ¼ Tassen Flüssigkeit, Salz, Lorbeerblatt und den Hühnerbrühwürfel hinzu. Zum Kochen bringen, die Hitze reduzieren und zugedeckt ohne Rühren 25 Minuten köcheln lassen.

c) Heizen Sie den Ofen auf 375 °F (190 °C) vor. In der Zwischenzeit in einem Schmortopf in 2 Esslöffeln heißem Olivenöl den fein gehackten Knoblauch, die Zwiebeln und die grünen Paprikaschoten anbraten, bis die grünen Paprikaschoten weich sind. Dies sollte etwa 10 Minuten dauern. Die Tomaten hacken und zusammen mit den Oliven, Paprika und Cayennepfeffer zum sautierten Gemüse geben. Weitere 5 Minuten kochen lassen und dabei warm halten.

d) Die Schalentiere abtropfen lassen und zusammen mit dem gekochten Reis zur Tomatenmischung geben. Vorsichtig umrühren, um die Zutaten zu vermischen. Geben Sie die Mischung in eine Paella-Pfanne oder eine flache 4-Liter-Auflaufform. Streuen Sie den geriebenen Cheddar-Käse darüber.

e) Im vorgeheizten Ofen 10–15 Minuten backen oder bis der Käse geschmolzen ist und Blasen bildet.

4. Alaska-Meeresfrüchte-Paella

ZUTATEN:
- 213 Gramm roter Alaska-Lachs in Dosen
- 2 Esslöffel Olivenöl
- 1 Knoblauchzehe, zerdrückt
- 1 kleine Zwiebel, fein gehackt
- 1 Lauch, gereinigt und in Scheiben geschnitten
- 100 Gramm Langkornreis
- 100 Gramm geschälte Garnelen
- 100 Gramm Muscheln in Salzlake, abgetropft oder frische Muscheln in der Schale
- 375 ml Gemüse- oder Hühnerbrühe
- ½ Zitrone, entsaftet
- ½ Teelöffel gemahlener Safran oder gemahlene Kurkuma
- 2 Tomaten, geschält, entkernt und gehackt
- 10 ganze gekochte Garnelen
- Zitronenscheiben zum Garnieren

ANWEISUNGEN:
a) Beginnen Sie damit, den Lachs aus der Dose abtropfen zu lassen, den Saft aufzufangen und beiseite zu stellen.
b) In einer großen Pfanne das Olivenöl erhitzen, dann den zerdrückten Knoblauch, die gehackten Zwiebeln und den geschnittenen Lauch etwa 5 Minuten lang anbraten, bis sie weich sind.
c) Langkornreis, geschälte Garnelen, Muscheln (ob in Salzlake oder frisch in der Schale), den beiseite gestellten Lachssaft, Gemüse- oder Hühnerbrühe, Zitronensaft und Safran (oder Kurkuma, wenn Sie es als Ersatz verwenden) unterrühren. . Alles gründlich vermischen, die Mischung zum Kochen bringen und dann die Hitze reduzieren, bis sie köchelt. Lassen Sie es 15–20 Minuten lang kochen oder bis die Flüssigkeit größtenteils vom Reis aufgenommen wurde.
d) Sobald der Reis fertig ist, die gehackten Tomaten und den in große Flocken zerkleinerten Dosenlachs vorsichtig unterheben.
e) Übertragen Sie das aromatische Gericht auf eine Servierplatte und dekorieren Sie es mit gekochten Garnelen und Zitronenscheiben. Servieren Sie Ihr alaskisches Meeresfrüchte-Reisgericht sofort. Genießen!

5. Garnelen-Chorizo-Paella

ZUTATEN:
- 6 Unzen trockengepökelte spanische Chorizo, gehackt
- 1½ Tassen gehackte gelbe Zwiebel
- 1 Tasse gehackte rote Paprika
- 1½ Tassen ungekochter mittelkörniger brauner Reis
- 3 Knoblauchzehen, gehackt
- ½ Tasse trockener Weißwein
- 2 Tassen ungesalzene Hühnerbrühe
- 14½-Unzen-Dose feuergeröstete, gewürfelte Tomaten ohne Salzzusatz
- 1¼ Teelöffel koscheres Salz
- ½ Teelöffel gemahlener Kurkuma
- 1½ Pfund rohe Garnelen, geschält und entdarmt
- 1½ Tassen gefrorene süße Erbsen, aufgetaut
- 2 Esslöffel gehackte frische glatte Petersilie
- 1 Zitrone, in 6 Spalten geschnitten

ANWEISUNGEN:
a) Erhitzen Sie eine beschichtete Pfanne auf mittlerer Stufe. Fügen Sie die Chorizo hinzu und kochen Sie sie unter gelegentlichem Rühren etwa 5 Minuten lang, bis die Wurst gebräunt ist. Nehmen Sie die Chorizo mit einem Schaumlöffel aus der Pfanne und bewahren Sie den Bratensaft in der Pfanne auf; Lassen Sie die Chorizo auf Papiertüchern abtropfen.

b) Fügen Sie die Zwiebel und die Paprika zu den restlichen Bratenfetten in der Pfanne hinzu. unter gelegentlichem Rühren kochen, bis es leicht weich ist, etwa 5 Minuten.

c) Reis und Knoblauch hinzufügen; unter häufigem Rühren kochen, bis der Reis leicht geröstet ist, etwa 1 Minute. Den Wein hinzufügen und vom Herd nehmen. In einen 6-Liter-Crockpot gießen; Brühe, Tomaten, Salz, Kurkuma und Chorizo unterrühren. Abdecken und auf HOCH kochen, bis der Reis zart ist und die Flüssigkeit fast aufgesogen ist, etwa 3 Stunden.

d) Garnelen und Erbsen unterrühren; Abdecken und auf HOCH kochen, bis die Garnelen rosa werden, 10 bis 15 Minuten. Die Mischung auf 6 Teller verteilen; Gleichmäßig mit der Petersilie bestreuen und mit den Zitronenschnitzen servieren.

6. Garnelen und Reis

ZUTATEN:

- 32 Unzen gefrorene, wild gefangene Garnelen
- 16 Unzen Jasminreis
- 4 Unzen Butter
- 4 Unzen gehackte frische Petersilie
- 2 Teelöffel Meersalz
- ½ Teelöffel schwarzer Pfeffer
- 2 Prisen zerstoßener roter Pfeffer
- 2 mittelgroße Zitronen, entsaftet
- 2 Prisen Safran
- 24 Unzen Hühnerbrühe
- 8 Knoblauchzehen, gehackt

ANWEISUNGEN:

a) Geben Sie alle Zutaten in den Instant Pot.
b) Legen Sie die Garnelen darauf.
c) Decken Sie den Deckel ab und befestigen Sie ihn. Drehen Sie den Druckentlastungsgriff in die Verschlussposition.
d) Mit der Funktion „Manuell" bei hohem Druck 10 Minuten garen.
e) Führen Sie nach dem Signalton eine natürliche Freisetzung für 7 Minuten durch.
f) Entfernen Sie bei Bedarf die Schalen der Garnelen und geben Sie die Garnelen dann wieder zum Reis.
g) Umrühren und heiß servieren.

7. Paella mit Seeteufel und Muscheln

ZUTATEN:

- 1 Kilogramm frische Muscheln
- 150 ml trockener Weißwein oder Wasser
- Eine Prise Safranfäden
- 900 ml heiße Fischbrühe
- 6 Esslöffel Olivenöl
- 1 Kilogramm Seeteufelfilets, in Stücke geschnitten
- 1 Zwiebel, gehackt
- 2 Knoblauchzehen, zerdrückt
- 1 Dose (185 g) rote Pimente, in Streifen geschnitten
- 2 große reife Tomaten, grob gehackt
- 350 Gramm Valencia- oder Risottoreis
- Salz und Pfeffer
- 100 Gramm gekochte Erbsen
- Zitronenspalten und gehackte frische Petersilie zum Garnieren

ANWEISUNGEN:

a) Schrubben Sie die Muscheln und spülen Sie sie in kaltem Wasser ab. Entfernen Sie alle Muscheln mit zerbrochener oder offener Schale. Geben Sie sie in einen großen Topf mit Weißwein oder Wasser und kochen Sie sie bei starker Hitze 3–4 Minuten lang, wobei Sie die Pfanne gelegentlich schütteln, bis sich die Muscheln öffnen. Lassen Sie sie in einem Sieb über einer Schüssel abtropfen, um die Kochflüssigkeit aufzufangen. Eventuell geschlossene Muscheln entsorgen.

b) Geben Sie den Safran in eine kleine Schüssel und gießen Sie 2-3 Esslöffel der heißen Fischbrühe darüber. 20 Minuten ziehen lassen.

c) Das Olivenöl in einer großen Pfanne erhitzen und den Seeteufel 5 Minuten braten. Den Seeteufel mit einem Schaumlöffel herausnehmen und beiseite stellen.

d) Die gehackte Zwiebel, den zerdrückten Knoblauch und die Pimentstreifen in die Pfanne geben und 10 Minuten bei starker Hitze braten. Die grob gehackten Tomaten hinzufügen und weitere 5 Minuten braten, oder bis die Mischung eindickt.

e) Den Reis einrühren, bis er mit der Zwiebelmischung bedeckt ist. Geben Sie den Seeteufel wieder in die Pfanne und gießen Sie dann die Fischbrühe, die abgesiebte Muschelkochflüssigkeit, den Safran und die Gewürze hinein. Einige Minuten lang zügig kochen, dann die Hitze reduzieren und 15–20 Minuten ohne Rühren kochen, bis der Reis und der Fisch zart sind.

f) Die meisten Muscheln aus ihren Schalen nehmen und ein paar in den Schalen belassen.

g) Die geschälten Muscheln und die gekochten Erbsen zum Reis geben. Umrühren und bei Bedarf noch mehr Brühe hinzufügen.

h) Den Herd ausschalten, mit einem Geschirrtuch abdecken und 3–4 Minuten stehen lassen.

i) Servieren Sie die Paella sofort und garnieren Sie sie mit den beiseite gelegten Muscheln in der Schale, Zitronenspalten und gehackter frischer Petersilie.

8. Hummer-Paella

ZUTATEN:

- ¼ Tasse gutes Olivenöl
- 1 ½ Tassen gehackte gelbe Zwiebel (2 Zwiebeln)
- 2 rote Paprika, entkernt und in ½-Zoll-Streifen geschnitten
- 2 Esslöffel gehackter Knoblauch (4 bis 6 Zehen)
- 2 Tassen weißer Basmatireis
- 5 Tassen gute Hühnerbrühe, vorzugsweise hausgemacht
- ½ Teelöffel Safranfäden, zerstoßen
- ¼ Teelöffel zerstoßene rote Paprikaflocken
- 1 Esslöffel koscheres Salz
- 1 Teelöffel frisch gemahlener schwarzer Pfeffer
- ⅓ Tasse Likör mit Lakritzgeschmack (empfohlen: Pernod)
- 1 ½ Pfund gekochtes Hummerfleisch
- 1 Pfund Kielbasa, in ¼ bis ½ Zoll dicke Scheiben geschnitten
- 1 (10 Unzen) Packung gefrorene Erbsen
- 1 Esslöffel gehackte frische glatte Petersilienblätter
- 2 Zitronen, in Spalten geschnitten

ANWEISUNGEN:

a) Heizen Sie den Ofen auf 425 Grad F (220 Grad C) vor.
b) Erhitzen Sie das Olivenöl in einem großen ofenfesten Schmortopf bei mittlerer bis niedriger Hitze. Die gehackten Zwiebeln hinzufügen und etwa 5 Minuten kochen lassen, dabei gelegentlich umrühren.
c) Die roten Paprika dazugeben und weitere 5 Minuten bei mittlerer Hitze kochen.
d) Reduzieren Sie die Hitze, fügen Sie den gehackten Knoblauch hinzu und kochen Sie das Ganze noch eine Minute lang.
e) Den weißen Basmatireis, die Hühnerbrühe, die zerstoßenen Safranfäden, die zerstoßenen roten Pfefferflocken, das koschere Salz und den frisch gemahlenen schwarzen Pfeffer hinzufügen. Bringen Sie die Mischung zum Kochen.
f) Decken Sie den Topf ab und stellen Sie ihn in den vorgeheizten Ofen. Rühren Sie den Reis nach 15 Minuten vorsichtig mit einem Holzlöffel um und stellen Sie ihn wieder in den Ofen, um weitere 10 bis 15 Minuten ohne Deckel zu backen oder bis der Reis vollständig gekocht ist und die Flüssigkeit aufgesogen hat.
g) Die Paella zurück auf den Herd stellen und den Likör mit Lakritzgeschmack hinzufügen. Die Paella 1 Minute bei mittlerer Hitze kochen, damit der Likör vom Reis aufgenommen werden kann.
h) Schalten Sie den Herd aus und fügen Sie das gekochte Hummerfleisch, Kielbasa und gefrorene Erbsen hinzu. Zum Kombinieren vorsichtig umrühren.
i) Decken Sie die Paella ab und lassen Sie sie 10 Minuten lang dämpfen.
j) Mit gehackter frischer glatter Petersilie bestreuen und mit Zitronenspalten garnieren.

9. Gemischte Paella mit Meeresfrüchten und Hühnchen

ZUTATEN:
- 2 Tassen Paella-Reis
- 1/2 Pfund Hähnchenschenkel, ohne Knochen und ohne Haut, gewürfelt
- 1/2 Pfund gemischte Meeresfrüchte (Muscheln, Garnelen, Tintenfisch)
- 1 Zwiebel, fein gehackt
- 3 Knoblauchzehen, gehackt
- 1 rote Paprika, in Scheiben geschnitten
- 1 Tomate, gehackt
- 4 Tassen Hühnerbrühe
- 1 Teelöffel geräuchertes Paprikapulver
- 1/2 Teelöffel Safranfäden
- Salz und Pfeffer nach Geschmack
- 1/4 Tasse Olivenöl

ANWEISUNGEN:
a) In einer Paella-Pfanne Olivenöl bei mittlerer Hitze erhitzen. Gewürfeltes Hähnchen dazugeben und braten, bis es braun ist.
b) Gehackte Zwiebeln und Knoblauch hinzufügen; anbraten, bis es weich ist.
c) Paella-Reis einrühren, mit Öl bestreichen und mit dem Hähnchen vermischen.
d) Geräuchertes Paprikapulver, Safranfäden und gehackte Tomaten hinzufügen. In Hühnerbrühe gießen.
e) Die gemischten Meeresfrüchte auf dem Reis anrichten und kochen, bis der Reis fast gar ist.
f) Mit Salz und Pfeffer würzen. Decken Sie die Pfanne ab und lassen Sie es köcheln, bis der Reis vollständig gekocht ist.
g) Heiß servieren.

10. Tintenfisch-Paella mit Meeresfrüchten

ZUTATEN:

- 2 Tassen Rundkornreis
- 1/2 Pfund Tintenfisch, gereinigt und in Scheiben geschnitten
- 1/2 Pfund große Garnele, geschält und entdarmt
- 1 Zwiebel, fein gehackt
- 3 Knoblauchzehen, gehackt
- 1 rote Paprika, in Scheiben geschnitten
- 2 Tomaten, gerieben
- 4 Tassen Fisch- oder Meeresfrüchtebrühe
- 2 Teelöffel Tintenfischtinte
- 1/2 Tasse trockener Weißwein
- Salz und Pfeffer nach Geschmack
- 1/4 Tasse Olivenöl

ANWEISUNGEN:

a) In einer Paella-Pfanne Olivenöl bei mittlerer Hitze erhitzen. Gehackte Zwiebeln und Knoblauch hinzufügen; anbraten, bis es durchscheinend ist.
b) In Scheiben geschnittenen Tintenfisch und Garnelen hinzufügen; kochen, bis die Meeresfrüchte leicht gebräunt sind.
c) Rundkornreis einrühren, mit Öl bestreichen und mit den Meeresfrüchten vermischen.
d) Geriebene Tomaten, geschnittene rote Paprika und Tintenfischtinte hinzufügen. Mit Fisch- oder Meeresfrüchtebrühe und Weißwein aufgießen.
e) Mit Salz und Pfeffer würzen. Kochen, bis der Reis fast fertig ist.
f) Decken Sie die Pfanne ab und lassen Sie es köcheln, bis der Reis vollständig gekocht ist.
g) Heiß servieren.

11. Hummer- und Jakobsmuschel-Paella

ZUTATEN:

- 2 Tassen Valencia-Reis
- 1 Hummer, gekocht und in Stücke geschnitten
- 1/2 Pfund Jakobsmuscheln
- 1 Zwiebel, fein gehackt
- 3 Knoblauchzehen, gehackt
- 1 gelbe Paprika, in Scheiben geschnitten
- 1 Tasse Kirschtomaten, halbiert
- 4 Tassen Fisch- oder Meeresfrüchtebrühe
- 1 Teelöffel süßer Paprika
- Eine Prise Safranfäden
- Salz und Pfeffer nach Geschmack
- 1/4 Tasse Olivenöl

ANWEISUNGEN:

a) In einer Paella-Pfanne Olivenöl bei mittlerer Hitze erhitzen. Gehackte Zwiebeln und Knoblauch hinzufügen; anbraten, bis es weich ist.
b) Fügen Sie Valencia-Reis hinzu und rühren Sie um, bis der Reis mit dem Öl bedeckt ist.
c) Süße Paprika und Safranfäden unterrühren. Gelbe Paprika und Kirschtomaten hinzufügen.
d) In Fisch- oder Meeresfrüchtebrühe gießen. Mit Salz und Pfeffer würzen.
e) Hummerstücke und Jakobsmuscheln auf dem Reis anrichten. Kochen, bis der Reis fast fertig ist.
f) Decken Sie die Pfanne ab und lassen Sie es köcheln, bis der Reis vollständig gekocht ist.
g) Heiß servieren.

12. Gemischte Paella mit Meeresfrüchten und Chorizo

ZUTATEN:
- 2 Tassen Calasparra-Reis
- 1/2 Pfund gemischte Meeresfrüchte (Muscheln, Muscheln, Garnelen)
- 1/2 Pfund Chorizo-Wurst, in Scheiben geschnitten
- 1 Zwiebel, fein gehackt
- 3 Knoblauchzehen, gehackt
- 1 grüne Paprika, in Scheiben geschnitten
- 1 Tasse zerdrückte Tomaten
- 4 Tassen Hühner- oder Fischbrühe
- 1 Teelöffel geräuchertes Paprikapulver
- Salz und Pfeffer nach Geschmack
- 1/4 Tasse Olivenöl

ANWEISUNGEN:
a) In einer Paella-Pfanne Olivenöl bei mittlerer Hitze erhitzen. Gehackte Zwiebeln und Knoblauch hinzufügen; anbraten, bis es durchscheinend ist.
b) In Scheiben geschnittene Chorizo hinzufügen und braten, bis sie braun sind.
c) Calasparra-Reis einrühren, mit Öl bestreichen und mit der Chorizo vermischen.
d) Zerkleinerte Tomaten und in Scheiben geschnittene grüne Paprika hinzufügen. In Hühner- oder Fischbrühe gießen.
e) Mit geräuchertem Paprika, Salz und Pfeffer würzen.
f) Die gemischten Meeresfrüchte über dem Reis anrichten und kochen, bis der Reis fast gar ist.
g) Decken Sie die Pfanne ab und lassen Sie es köcheln, bis der Reis vollständig gekocht ist.
h) Heiß servieren.

13. Muschel-Wurst-Paella

ZUTATEN:
- 2 Tassen mittelkörniger Reis
- 1 Pfund kleine Halsmuscheln, gereinigt
- 1/2 Pfund spanische Chorizo, in Scheiben geschnitten
- 1 Zwiebel, fein gehackt
- 3 Knoblauchzehen, gehackt
- 1 gelbe Paprika, gewürfelt
- 1 Tasse trockener Weißwein
- 4 Tassen Hühner- oder Fischbrühe
- 1 Teelöffel Paprika
- Eine Prise Safranfäden
- Salz und Pfeffer nach Geschmack
- 1/4 Tasse Olivenöl

ANWEISUNGEN:
a) In einer Paella-Pfanne Olivenöl bei mittlerer Hitze erhitzen. Gehackte Zwiebeln und Knoblauch hinzufügen; anbraten, bis es weich ist.
b) In Scheiben geschnittene Chorizo hinzufügen und braten, bis sie braun sind.
c) Mittelkörnigen Reis einrühren, mit Öl bestreichen und mit der Chorizo vermischen.
d) Gewürfelte gelbe Paprika hinzufügen. Mit trockenem Weißwein und Hühner- oder Fischbrühe aufgießen.
e) Mit Paprika, Safranfäden, Salz und Pfeffer würzen.
f) Die gereinigten kleinen Halsmuscheln auf dem Reis anrichten und kochen, bis der Reis fast gar ist.
g) Decken Sie die Pfanne ab und lassen Sie es köcheln, bis der Reis vollständig gekocht ist.
h) Heiß servieren.

14. Lachs-Spargel-Paella

ZUTATEN:

- 2 Tassen Rundkornreis
- 1 Pfund Lachsfilets, in Stücke geschnitten
- 1/2 Pfund Spargel, geputzt und in Stücke geschnitten
- 1 Zwiebel, fein gehackt
- 3 Knoblauchzehen, gehackt
- 1 rote Paprika, in Scheiben geschnitten
- 1 Tasse Kirschtomaten, halbiert
- 4 Tassen Fisch- oder Gemüsebrühe
- 1 Teelöffel geräuchertes Paprikapulver
- Eine Prise Safranfäden
- Salz und Pfeffer nach Geschmack
- 1/4 Tasse Olivenöl

ANWEISUNGEN:

a) In einer Paella-Pfanne Olivenöl bei mittlerer Hitze erhitzen. Gehackte Zwiebeln und Knoblauch hinzufügen; anbraten, bis es weich ist.
b) Fügen Sie Rundkornreis hinzu und rühren Sie um, bis der Reis mit dem Öl bedeckt ist.
c) Räucherpaprika und Safranfäden unterrühren. Rote Paprika und Kirschtomaten hinzufügen.
d) In Fisch- oder Gemüsebrühe gießen. Mit Salz und Pfeffer würzen.
e) Lachsstücke und Spargel auf dem Reis anrichten. Kochen, bis der Reis fast fertig ist.
f) Decken Sie die Pfanne ab und lassen Sie es köcheln, bis der Reis vollständig gekocht ist.
g) Heiß servieren.

GEFLÜGEL-PAELLA

15. Hühnchen-, Garnelen- und Chorizo-Paella

ZUTATEN:
- ½ Teelöffel Safranfäden, zerstoßen
- 2 Esslöffel Olivenöl
- 1 Pfund Hähnchenschenkel ohne Haut und Knochen, in 5 cm große Stücke geschnitten
- 4 Unzen gekochte, geräucherte Chorizo-Wurst nach spanischer Art, in Scheiben geschnitten
- 1 mittelgroße Zwiebel, gehackt
- 4 Knoblauchzehen, gehackt
- 1 Tasse grob geriebene Tomaten
- 1 Esslöffel geräucherter süßer Paprika
- 6 Tassen natriumreduzierte Hühnerbrühe
- 2 Tassen spanischer Kurzkornreis, wie Bomba, Calasparra oder Valencia
- 12 große Garnelen, geschält und entdarmt
- 8 Unzen gefrorene Erbsen, aufgetaut
- Gehackte grüne Oliven (optional)
- Gehackte italienische Petersilie

ANWEISUNGEN:
a) In einer kleinen Schüssel Safran und ¼ Tasse heißes Wasser vermischen; 10 Minuten stehen lassen.
b) In der Zwischenzeit in einer 15-Zoll-Paella-Pfanne Öl bei mittlerer bis hoher Hitze erhitzen. Hähnchen in die Pfanne geben. Unter gelegentlichem Wenden kochen, bis das Huhn gebräunt ist, etwa 5 Minuten.
c) Chorizo hinzufügen. Noch 1 Minute kochen lassen. Alles auf einen Teller geben.
d) Zwiebel und Knoblauch in die Pfanne geben. Kochen und 2 Minuten rühren. Tomaten und Paprika hinzufügen. Weitere 5 Minuten kochen und rühren, bis die Tomaten eingedickt und fast pastös sind.
e) Hähnchen und Chorizo wieder in die Pfanne geben. Hühnerbrühe, Safranmischung und ½ Teelöffel Salz hinzufügen; bei starker Hitze zum Kochen bringen.
f) Geben Sie den Reis in die Pfanne und rühren Sie ihn einmal um, um ihn gleichmäßig zu verteilen. Ohne Rühren kochen, bis der Reis den größten Teil der Flüssigkeit aufgesogen hat, etwa 12 Minuten. (Wenn Ihre Pfanne größer als Ihr Brenner ist, drehen Sie sie alle paar Minuten, um sicherzustellen, dass der Reis gleichmäßig gart.)
g) Reduzieren Sie die Hitze auf niedrig. Ohne Rühren weitere 5 bis 10 Minuten kochen, bis die gesamte Flüssigkeit aufgesogen ist und der Reis al dente ist. Mit Garnelen und Erbsen belegen.
h) Stellen Sie die Hitze auf hoch. Ohne Rühren weitere 1 bis 2 Minuten kochen lassen (die Ränder sollten trocken aussehen und sich am Boden eine Kruste bilden). Entfernen. Decken Sie die Pfanne mit Folie ab.
i) Vor dem Servieren 10 Minuten ruhen lassen. Nach Belieben mit Oliven und Petersilie belegen.

16. Schnellkochtopf-Hähnchen-Paella mit Meeresfrüchten

ZUTATEN:
- 1½ Pfund Hähnchenteile, gehäutet, in 2-Zoll-Stücke geschnitten
- ½ Teelöffel Salz (aufgeteilt)
- ¼ Teelöffel weißer Pfeffer
- 1 Esslöffel Olivenöl
- ½ Tasse gewürfelte Zwiebeln
- 2 Knoblauchzehen, gehackt
- 1 mittelgroße grüne Paprika, in 2,5 cm große Quadrate geschnitten
- 1 Tasse zerdrückte Dosentomaten
- 4 Unzen Langkornreis, ungekocht
- ¾ Tasse Wasser
- 1 Päckchen Instant-Hühnerbrühe und Gewürzmischung
- ¼ Teelöffel Majoran
- ⅛ Teelöffel ganzer Safran (optional)
- 5 Unzen geschälte und entdarmte Garnelen
- 12 kleine Muscheln in der Schale, geschrubbt, oder 4 Unzen gehackte Muscheln (aus der Dose), abgetropft

ANWEISUNGEN:

a) Die Hähnchenteile mit ¼ Teelöffel Salz und weißem Pfeffer bestreuen. Beiseite legen.
b) Erhitzen Sie das Olivenöl in einem 4-Liter-Schnellkochtopf. Die gewürfelten Zwiebeln und den gehackten Knoblauch dazugeben und 2 Minuten anbraten.
c) Das Hähnchen dazugeben und noch weitere 3 Minuten anbraten.
d) Grüne Paprika, zerdrückte Tomaten und Reis unterrühren.
e) Wasser, Instant-Hühnerbrühe, Majoran und Safran (falls gewünscht) hinzufügen. Fügen Sie außerdem den restlichen ¼ Teelöffel Salz hinzu. Zum Kombinieren umrühren.
f) Schließen Sie den Deckel des Schnellkochtopfs sicher. Setzen Sie den Druckregler fest auf das Entlüftungsrohr und erhitzen Sie ihn, bis der Regler leicht zu schaukeln beginnt.
g) Bei 15 Pfund Druck 5 Minuten kochen lassen.
h) Halten Sie den Schnellkochtopf unter fließendes kaltes Wasser, um den Druck zu senken.
i) Nehmen Sie den Deckel ab und rühren Sie die Garnelen und Muscheln unter die Reismischung.
j) Schließen Sie den Herd wieder und kochen Sie weitere 3 Minuten bei 15 Pfund Druck.
k) Reduzieren Sie den Druck unter fließendem kaltem Wasser.
l) Den Reis vor dem Servieren mit einer Gabel auflockern.

17. Hühnchen -Spargel- Paella

ZUTATEN:
- ¾ Pfund Spargel
- 1 Pfund Hühnerfleisch, gewürfelt
- ⅛ Teelöffel Pfeffer
- 2 Esslöffel Olivenöl
- Große Zwiebel
- Weißwein (trocken)
- 1 ½ Tassen Reis (Langkorn)
- ½ Tasse Pimiento oder geröstete rote Glocken
- 1 Tasse Wasser
- ¾ Tasse süße Erbsen
- ¾ Pfund Brokkoli
- ⅛ Teelöffel Salz
- 3 Esslöffel Mehl
- ½ Pfund Zucchini, ½ Zoll gewürfelt
- 1 Knoblauchzehe, gepresst
- 1 Pfund Tomaten, hacken, entkernen, häuten
- 1 Prise Cayennepfeffer
- 1 Tasse Hühnerbrühe (14 ½ Unzen)
- ½ Teelöffel Safran

ANWEISUNGEN:

a) Die harten Enden des Spargels abschneiden und wegwerfen. Schneiden Sie die Spitzen in 5 cm lange Stücke ab und legen Sie sie beiseite. Schneiden Sie die Stiele in ¼ Zoll dicke Scheiben. Brokkoliröschen abschneiden und mit den Spargelspitzen beiseite legen. Die Stiele schälen, der Länge nach vierteln und in Stücke schneiden, die der Größe der Spargelscheiben entsprechen.

b) Spargelscheiben und Brokkoli in einem Topf mit kochendem Wasser 3 Minuten kochen, bis sie kaum noch weich sind. Abtropfen lassen und beiseite stellen.

c) Hähnchen mit Salz und Pfeffer bestreuen. Mehl einrollen und überschüssiges Mehl abtupfen. 1 Esslöffel Öl in einer breiten beschichteten Bratpfanne bei mittlerer bis hoher Hitze erhitzen.

d) Fügen Sie das Hähnchen hinzu und braten Sie es auf jeder Seite 3 Minuten lang oder bis es leicht gebräunt ist. Hähnchen aus der Pfanne nehmen und beiseite stellen.

e) Den restlichen Esslöffel Öl in die Pfanne geben. Zucchini hinzufügen und bei mittlerer bis hoher Hitze 4 bis 5 Minuten kochen, bis sie leicht gebräunt sind. Mit einem Schaumlöffel aus der Pfanne nehmen und beiseite stellen.

f) Fügen Sie Zwiebeln und Knoblauch zum Bratenfett hinzu. Einmal umrühren und Wein hinzufügen. Anschließend abdecken und bei schwacher Hitze 10 Minuten garen, bis die Zwiebel weich ist und die Flüssigkeit aufgesogen ist. Tomaten einrühren und ohne Deckel 4 Minuten kochen lassen. Reis und Cayennepfeffer unterrühren.

g) Übertragen Sie die Reismischung in eine breite, flache 4-Liter-Auflaufform. Blanchierten Spargel und Brokkoli, Hühnchen, Zucchini und geröstete Paprika hinzufügen. Zu diesem Zeitpunkt können Sie es abdecken und bis zu 8 Stunden im Kühlschrank lagern

h) In einer Pfanne Hühnerbrühe und Wasser zum Kochen bringen. Safran einrühren. Über die Reismischung gießen. Den Auflauf gut mit Folie abdecken. Im vorgeheizten Ofen bei 350 °F 40 Minuten backen. Die Erbsen dazugeben und mit zwei Gabeln vorsichtig unter den Reis rühren. Abdecken und weitere 10 bis 15 Minuten backen, bis der Reis weich ist und die gesamte Flüssigkeit aufgesogen ist.

i) Wenn der Reis fertig ist, kochen Sie die Spargelspitzen und Brokkoliröschen in einem Topf mit kochendem Wasser 4 Minuten lang oder bis sie kaum noch weich sind. Abtropfen lassen und als Garnitur über dem Reis anrichten.

18. Hühnchen-Mais-Paella

ZUTATEN:

- 2 Tassen Bomba-Reis
- 1 Pfund Hähnchenbrust, ohne Knochen und ohne Haut, in Stücke geschnitten
- 1 Zwiebel, fein gehackt
- 3 Knoblauchzehen, gehackt
- 1 Tasse Maiskörner
- 1 gelbe Paprika, in Scheiben geschnitten
- 4 Tassen Hühnerbrühe
- 1 Teelöffel Paprika
- Eine Prise Safranfäden
- Salz und Pfeffer nach Geschmack
- 1/4 Tasse Olivenöl

ANWEISUNGEN:

a) In einer Paella-Pfanne Olivenöl bei mittlerer Hitze erhitzen. Gehackte Zwiebeln und Knoblauch hinzufügen; anbraten, bis es weich ist.
b) Hähnchenstücke hinzufügen und braten, bis sie braun sind.
c) Bomba-Reis einrühren, mit Öl bestreichen und mit dem Huhn vermischen.
d) Maiskörner und geschnittene gelbe Paprika hinzufügen. In Hühnerbrühe gießen.
e) Mit Paprika, Safranfäden, Salz und Pfeffer würzen.
f) Kochen, bis der Reis fast fertig ist. Decken Sie die Pfanne ab und lassen Sie es köcheln, bis der Reis vollständig gekocht ist.
g) Heiß servieren.

19. Gegrilltes Hähnchen, Wurst und Garnelen-Paella

ZUTATEN:
- 2 Pfund Hähnchenflügel oder -schenkel
- 2 Esslöffel plus ¼ Tasse natives Olivenöl extra, geteilt
- Salz und schwarzer Pfeffer nach Geschmack
- 1 Pfund Knoblauchwurst übrig
- 1 große Zwiebel, gehackt
- 2 große rote Paprika, entkernt und in dünne Streifen geschnitten
- 4 Knoblauchzehen, gehackt
- 1 Dose (14 Unzen) gewürfelte Tomaten, nicht abgetropft
- 4 Tassen ungekochter Reis
- ¾ Pfund Chicken Wings
- ½ Pfund große Garnele, geschält und entdarmt, mit intakten Schwänzen
- 1 ½ Tassen gefrorene Erbsen
- 1 Dose (14 Unzen) Hühnerbrühe
- 2 Zitronen, in Spalten geschnitten
- 2 ovale Einweg-Folienpfannen (17 x 13 x 3 Zoll)

ANWEISUNGEN:

a) Das Hähnchen mit 2 Esslöffeln Olivenöl bestreichen und mit Salz und schwarzem Pfeffer würzen.

b) Hähnchen und Wurst auf einem abgedeckten Grill über mittelheißen Kohlen 15 bis 20 Minuten grillen, oder bis der Hühnersaft klar wird und die Wurst nicht mehr rosa ist. Alle 5 Minuten wenden. Schneiden Sie die Wurst nach dem Grillen in 5 cm große Stücke.

c) Erhitzen Sie die restliche ¼ Tasse Öl in einer großen Pfanne bei mittlerer bis hoher Hitze. Die gehackte Zwiebel, die Paprika und den gehackten Knoblauch hinzufügen. Etwa 5 Minuten kochen und umrühren, bis das Gemüse weich ist.

d) Fügen Sie die nicht abgetropften Tomatenwürfel, 1 ½ Teelöffel Salz und ½ Teelöffel schwarzen Pfeffer hinzu. Unter häufigem Rühren etwa 8 Minuten kochen lassen, bis die Mischung eindickt.

e) Kombinieren Sie die Zwiebelmischung und den Reis in einer der Folienpfannen und verteilen Sie sie gleichmäßig. Das gegrillte Hähnchen, die Wurst, die Meeresfrüchte und die Erbsen auf dem Reis anrichten.

f) In einem 3-Liter-Topf die Hühnerbrühe und 6 Tassen Wasser zum Kochen bringen. Stellen Sie die Alupfanne mit dem Reis und den anderen Zutaten auf den Grill bei mittlerer Hitze. Gießen Sie die kochende Brühe sofort über den Reis.

g) Die Paella auf dem abgedeckten Grill etwa 20 Minuten grillen, bis die Flüssigkeit aufgesogen ist. Nicht umrühren. Mit Folie abdecken und 10 Minuten ruhen lassen.

h) Mit Zitronenschnitzen garnieren und servieren.

20. Paella mit Hühnchen und schwarzen Bohnen

ZUTATEN:
- 1 Packung (7,25 Unzen) Rice-a-Roni – Reis-Pilaw
- ¾ Pfund Hähnchenbrusthälften ohne Knochen und ohne Haut, in dünne Scheiben geschnitten
- 1 Tasse gehackte Zwiebel
- 2 Knoblauchzehen, gehackt
- ¾ Teelöffel gemahlene Kurkuma
- ⅛ bis ¼ Teelöffel scharfe Pfeffersauce
- 1 Dose (15 Unzen) schwarze Bohnen, abgetropft und abgespült
- 1 ½ Tassen gefrorene Erbsen
- 1 mittelgroße Tomate, entkernt und gehackt

ANWEISUNGEN:

a) In einer großen Pfanne die Reis-Fadennudeln-Mischung wie auf der Packung angegeben anbraten. 2 Tassen Wasser, das Huhn (oder Schweinefleisch), gehackte Zwiebeln, gehackten Knoblauch, gemahlene Kurkuma, scharfe Pfeffersauce und den Inhalt der Gewürzpackung einrühren. Bringen Sie die Mischung bei starker Hitze zum Kochen.

b) Decken Sie die Pfanne ab und reduzieren Sie die Hitze auf eine niedrige Stufe. 8 Minuten köcheln lassen.

c) Die abgetropften und abgespülten schwarzen Bohnen und die gefrorenen Erbsen unterrühren. Abdecken und weitere 7–10 Minuten köcheln lassen, bis die meiste Flüssigkeit aufgesogen ist.

d) Zum Schluss die gehackte Tomate unterrühren.

21. Paella mit Hühnchen und italienischer Wurst

ZUTATEN:
- 2 Hähnchenschenkel, mit Haut, gebräunt
- 2 Hähnchenschenkel, mit Haut, gebräunt
- 3 große Stücke italienische Wurst übrig, gebräunt und dann in 2,5 cm große Stücke geschnitten
- 1 rote und gelbe Paprika, in Streifen geschnitten und vorgeröstet
- 1 Bund Babybroccolini, vorgekocht
- 1½ Tassen Reis, ein Kurzkornreis wie Carnaroli oder Arborio
- 4 Tassen Hühnerbrühe, erwärmt
- 1 Tasse geröstetes rotes Paprikapüree
- ¼ Tasse trockener Weißwein
- 1 mittelgroße Zwiebel, groß gewürfelt
- 4 große Knoblauchzehen, gehobelt
- geriebener Parmesan oder Romano-Käse
- Olivenöl

ANWEISUNGEN:

a) Beginnen Sie damit, Ihre Hühnchenstücke in einer Paella-Pfanne zu bräunen, so dass auf beiden Seiten eine gute Kruste entsteht und sie fast durchgaren, aber nicht ganz, und dann beiseite stellen.
b) Wischen Sie überschüssiges Öl aus der Pfanne und dann das überschüssige Öl von der restlichen Wurst ab.
c) In einer großen Pfanne Olivenöl beträufeln, dann den gehobelten Knoblauch und die Zwiebel dazugeben und anbraten, bis sie weich und goldbraun sind.
d) Den Wein dazugeben und eine Minute köcheln lassen.
e) Kombinieren Sie den gesamten Reis mit der Hälfte Ihres Paprikapürees oder etwas mehr. Rühren Sie es um, bis es gleichmäßig bedeckt ist, und drücken Sie dann die Reismischung auf den Boden der Pfanne.
f) Etwas geriebenen Käse, Salz und Pfeffer zum Reis geben.
g) Ordnen Sie die Wurststücke zusammen mit den Hähnchenstücken rund um die Pfanne an.
h) Ordnen Sie das restliche Gemüse kreativ um das Fleisch herum an.
i) Alle 4 Tassen warme Brühe vorsichtig darüber schöpfen.
j) Für mehr Geschmack mit einem Backpinsel zusätzliches rotes Paprikapüree auf das Hähnchen streichen und bei Bedarf rundherum noch etwas mehr darauf verteilen.
k) Bei schwacher Hitze und locker mit Folie abgedeckt garen, bis die Feuchtigkeit verdampft ist.
l) Heizen Sie den Ofen auf 375 °F vor und backen Sie die abgedeckte Pfanne 15–20 Minuten lang, um sicherzustellen, dass das Fleisch durchgegart ist.
m) Weiter auf dem Herd kochen, bis der Reis weich ist.
n) Die gesamte Zeit sollte etwa 45 Minuten betragen.
o) Zum Abkühlen einige Minuten beiseite stellen.
p) Mit frischem Basilikum und gehackter Petersilie garnieren.

22. Paella-Salat mit Hühnchen und Meeresfrüchten

ZUTATEN:
FÜR DEN REIS:
- 3 Esslöffel Olivenöl bester Qualität
- 3 große Knoblauchzehen, gehackt
- 1 kleine Zwiebel, fein gehackt
- 2 Tassen Langkornreis
- 4 ½ Tassen Hühnerbrühe
- ¼ Teelöffel Safranpulver oder 1 Teelöffel Safranfäden
- ½ Teelöffel Kurkuma
- ½ Teelöffel getrockneter Thymian

FÜR DIE VINAIGRETTE:
- ⅔ Tasse Olivenöl
- 2 Esslöffel Rotweinessig
- 1 große Knoblauchzehe, gehackt
- ¼ Tasse fein gehackte frische Petersilie
- Salz, nach Geschmack
- Viel frisch gemahlener schwarzer Pfeffer

FÜR DEN SALAT:
- 1 ganze gekochte Hähnchenbrust, enthäutet, entbeint und in mundgerechte Stücke geschnitten
- 12 gekochte Garnelen, geschält und entdarmt
- ½ Pfund gekochte Chorizo, in Scheiben geschnitten
- 1 große rote Paprika, entkernt und gehackt
- 1 große reife Tomate, entkernt und gehackt
- 14 Unzen Artischockenherzen aus der Dose, abgetropft und in Scheiben geschnitten
- 1 Tasse frische oder gefrorene Erbsen
- 6 ganze Frühlingszwiebeln, fein gehackt
- ¼ Tasse gehackte frische Petersilie
- 14 Kalamata-Oliven, entkernt und halbiert

ANWEISUNGEN:

a) Erhitzen Sie 3 Esslöffel Olivenöl in einem schweren 4 ½-Liter-Topf. Gehackten Knoblauch und Zwiebeln hinzufügen und ca. 2 Minuten kochen, bis sie weich sind.

b) Den Reis dazugeben und umrühren, bis er mit dem Öl bedeckt ist.

c) Fügen Sie Hühnerbrühe, Safran (entweder pulverisiert oder zerbröckelte Fäden), Kurkuma und getrockneten Thymian hinzu. Abdecken und zum Kochen bringen. Die Hitze reduzieren und köcheln lassen, bis das Wasser aufgesogen ist, was etwa 25 Minuten dauert.

d) Geben Sie den gekochten Reis in eine große Schüssel und lassen Sie ihn auf Raumtemperatur abkühlen.

e) In einer kleinen Schüssel ⅔ Tasse Olivenöl, Rotweinessig, gehackten Knoblauch, Petersilie, Salz und reichlich frisch gemahlenen schwarzen Pfeffer vermischen, um die Vinaigrette zuzubereiten.

f) Hähnchen, Garnelen, geschnittene Chorizo, gehackte rote Paprika, gehackte Tomaten, geschnittene Artischockenherzen, Erbsen, fein gehackte Frühlingszwiebeln, gehackte Petersilie und halbierte Kalamata-Oliven zum abgekühlten Reis geben.

g) Umrühren und dann so viel Vinaigrette hinzufügen, dass alle Zutaten leicht bedeckt sind. Zum Einarbeiten vorsichtig umrühren.

h) Probieren Sie den Salat und passen Sie die Gewürze bei Bedarf an.

i) Stellen Sie den Paella-Salat bis zum Servieren in den Kühlschrank.

23. mit Hühnchen und Limabohnen

ZUTATEN:
- 2 Esslöffel Olivenöl (vorzugsweise extra vergine)
- 2 ½ Tassen gehackte rote Zwiebeln (ca. 2 mittelgroße)
- 1 Unze fein gehackter geräucherter Schinken (knapp ¼ Tasse)
- 4 Esslöffel gehackter frischer Thymian oder 1 ½ Esslöffel getrocknet
- 3 große Lorbeerblätter
- 8 Unzen Hähnchenschenkel ohne Haut und Knochen, ohne Fett, in 2,5 cm große Stücke geschnitten
- 3 Tassen gefrorene Baby-Limabohnen (ca. 1 Pfund)
- 1 Dose Tomaten nach italienischer Art, in Stücke geschnitten, mit Saft (16 Unzen)
- 6 Knoblauchzehen, gehackt

ANWEISUNGEN:
a) Erhitzen Sie 2 Esslöffel Olivenöl in einer großen beschichteten Pfanne bei mittlerer bis hoher Hitze.
b) Die gehackten roten Zwiebeln, den fein gehackten Räucherschinken, den gehackten frischen Thymian und die Lorbeerblätter in die Pfanne geben. Anbraten, bis die Zwiebeln zart und goldbraun sind. Dies sollte etwa 8 Minuten dauern.
c) Fügen Sie die Hähnchenstücke, die gefrorenen Baby-Limabohnen, die Tomaten nach italienischer Art mit ihren Säften und die gehackten Knoblauchzehen hinzu. Bringen Sie die Mischung zum Kochen.
d) Reduzieren Sie die Hitze auf mittlere bis niedrige Stufe, decken Sie das Ganze ab und lassen Sie es etwa 25 Minuten lang köcheln, bis die Hähnchenteile gar sind und die Limabohnen zart sind. Entsorgen Sie die Lorbeerblätter.
e) Die Mischung mit Salz und Pfeffer abschmecken.
f) Die Paella in eine große Servierschüssel geben, mit dem restlichen 1 Esslöffel gehacktem frischem Thymian bestreuen und servieren.

24. Paella mit Hühnchen und sonnengetrockneten Tomaten

ZUTATEN:
- 1 ½ Esslöffel Olivenöl
- 6 Hähnchenschenkel, mit Haut
- 1 ¼ Tassen gehackte Zwiebel
- 1 Tasse grüne Paprika, Julienne
- 2 große Knoblauchzehen, gehackt
- 1 ½ Tassen Langkornreis, ungekocht
- 3 Tassen Hühnerbrühe
- 14 ½-Unzen-Dose ganze Tomaten, geschält
- 1 ½ Tassen sonnengetrocknete Tomaten, halbiert
- 1 Tasse trockener Weißwein
- 1 Esslöffel frischer Oregano, gehackt (oder 1 Teelöffel getrockneter Oregano)
- 1 Esslöffel frischer Thymian, gehackt (oder 1 Teelöffel getrockneter Thymian)
- ¼ Teelöffel rote Paprikaflocken (oder ½ Teelöffel, wenn Sie es schärfer mögen)
- 1 ½ Pfund Muscheln und/oder Miesmuscheln, geschrubbt
- ¾ Pfund mittelgroße Garnelen, geschält
- 1 Tasse gefrorene Erbsen, aufgetaut
- Salz und Pfeffer nach Geschmack

ANWEISUNGEN:

a) Olivenöl in einem Schmortopf oder einer großen Pfanne erhitzen. Fügen Sie die Hähnchenschenkel hinzu und braten Sie sie etwa 10 Minuten lang an, bis sie von allen Seiten gebräunt sind. Nehmen Sie das Huhn heraus und legen Sie es beiseite.

b) Geben Sie in denselben Topf die gehackte Zwiebel, die julienierte grüne Paprika und den gehackten Knoblauch. Unter Rühren ca. 3 Minuten anbraten.

c) Fügen Sie ungekochten Langkornreis, Hühnerbrühe, ganze Dosentomaten, sonnengetrocknete Tomaten, Weißwein, frischen Oregano (oder getrockneten Oregano), frischen Thymian (oder getrockneten Thymian) und rote Paprikaflocken hinzu. Bringen Sie die Mischung zum Kochen.

d) Den Topf abdecken und etwa 20 Minuten köcheln lassen, bis die meiste Flüssigkeit fast aufgesogen ist.

e) Die Muscheln und/oder Miesmuscheln einrühren und etwa 6 Minuten kochen lassen, oder bis sich die Schalen zu öffnen beginnen.

f) Die geschälten Garnelen und die aufgetauten gefrorenen Erbsen hinzufügen. Weitere 2 bis 3 Minuten kochen lassen, oder bis die Garnelen undurchsichtig sind und sich alle Muschel- oder Muschelschalen geöffnet haben.

g) Mit Salz und Pfeffer abschmecken.

25. Spanische Hühnchen-Muschel-Paella

ZUTATEN:

- 2 Esslöffel Olivenöl
- 1 Tasse gelbe Zwiebel, gehackt (1 mittelgroße)
- 1 rote oder grüne Paprika, entkernt, entkernt und in Streifen geschnitten
- 1 Tasse entkernte und gehackte Tomate (eine 1-Pfund-Dose)
- 1 Teelöffel getrockneter Thymian und Basilikum, zerbröckelt
- 1 Teelöffel Kreuzkümmelsamen
- 1 Lorbeerblatt
- 1 Esslöffel gehackter Knoblauch
- 2½ Pfund Hähnchen, in 10 Portionen geschnitten (oder 6 Hähnchenschenkel, getrennt in Keulen und Schenkel, bis zu 3 Pfund)
- Salz und Pfeffer
- 2 Esslöffel Olivenöl
- ½ Pfund Chorizo oder spanische Wurst, quer in Scheiben geschnitten (oder geräucherter Schinken, gewürfelt, etwa 3 Glieder)
- 4½ Tassen Hühnerbrühe (bis zu 4 Tassen)
- ¼ Teelöffel gemahlener Safran oder Kurkuma
- 3 Tassen Langkornreis
- 1 Pfund Muscheln, gut geschrubbt, Bärte entfernt und abgespült
- 1 Tasse frische oder gefrorene Erbsen, aufgetaut
- Gehackter frischer Koriander oder Petersilie zum Garnieren
- Zitronenspalten zum Garnieren

ANWEISUNGEN:
FÜR DAS SOFRITO:
a) Sofrito zubereiten: In einer Pfanne 2 Esslöffel Olivenöl erhitzen.
b) Fügen Sie die gehackte Zwiebel und die Paprika hinzu und kochen Sie sie etwa 2 Minuten lang, bis sie weich sind.
c) Gehackte Tomaten, getrockneten Thymian, Basilikum, Kreuzkümmel, Lorbeerblatt und gehackten Knoblauch hinzufügen. Mit Salz und Pfeffer würzen. Kochen Sie die Mischung 5 bis 7 Minuten lang oder bis fast die gesamte Flüssigkeit verdampft ist. Leg es zur Seite.

PAELLA ZUSAMMENBAUEN:
d) Das Hähnchen trocken tupfen und mit Salz und Pfeffer würzen.
e) Erhitzen Sie das Öl in einer großen, tiefen ofenfesten Pfanne bei mäßig hoher Hitze, bis es heiß ist.
f) Geben Sie das Hähnchen in die Pfanne und braten Sie es auf jeder Seite 7 bis 10 Minuten lang oder bis es gebräunt ist. Übertragen Sie das Huhn auf einen Teller.
g) Geben Sie die Wurst oder den Schinken in die Pfanne, kochen Sie sie unter Rühren, bis sie leicht gebräunt sind, und geben Sie sie mit einem Schaumlöffel auf den Teller.
h) Den Backofen auf 400 Grad vorheizen.
i) In einem Topf die Brühe bei mäßiger Hitze zum Kochen bringen, Safran oder Kurkuma hinzufügen und die Mischung 5 Minuten ziehen lassen.
j) In einer 14-Zoll-Paella-Pfanne oder einer großen, tiefen ofenfesten Pfanne Reis, Hühnchen, Wurst oder Schinken und Sofrito anrichten.
k) Die vorbereitete Brühe dazugeben, die Flüssigkeit unter Rühren bei starker Hitze köcheln lassen und den Topf sofort vom Herd nehmen.
l) Ordnen Sie die Muscheln in der Pfanne an und backen Sie die Paella 25 Minuten lang auf dem Boden des Ofens. Rühren Sie die Paella während des Kochens nicht um. Wenn die Mischung trocken wird, fügen Sie die zusätzliche Brühe hinzu.
m) Fügen Sie die Erbsen hinzu und backen Sie die Paella weitere 10 Minuten lang oder bis die Flüssigkeit aufgesogen ist und sich die Muscheln geöffnet haben.
n) Lassen Sie die Paella vor dem Servieren fünf Minuten lang mit einem Geschirrtuch abgedeckt stehen.
o) Servieren Sie die Paella in der Schüssel, garniert mit Koriander und Zitronenspalten.

26. Truthahn-Gemüse-Paella

ZUTATEN:
- 2 Tassen Arborio-Reis
- 1 Pfund gemahlener Truthahn
- 1 Zwiebel, fein gehackt
- 3 Knoblauchzehen, gehackt
- 1 grüne Paprika, gewürfelt
- 1 Zucchini, in Scheiben geschnitten
- 1 Tasse Kirschtomaten, halbiert
- 4 Tassen Hühnerbrühe
- 1 Teelöffel Paprika
- Eine Prise Safranfäden
- Salz und Pfeffer nach Geschmack
- 1/4 Tasse Olivenöl

ANWEISUNGEN:
a) In einer Paella-Pfanne Olivenöl bei mittlerer Hitze erhitzen. Gehackte Zwiebeln und Knoblauch hinzufügen; anbraten, bis es weich ist.
b) Putenhackfleisch dazugeben und anbraten, bis es braun ist.
c) Arborio-Reis einrühren, mit Öl bestreichen und mit dem Truthahn vermischen.
d) Gehackte grüne Paprika, geschnittene Zucchini und Kirschtomaten hinzufügen. In Hühnerbrühe gießen.
e) Mit Paprika, Safranfäden, Salz und Pfeffer würzen.
f) Kochen, bis der Reis fast fertig ist. Decken Sie die Pfanne ab und lassen Sie es köcheln, bis der Reis vollständig gekocht ist.
g) Heiß servieren.

27. Paella mit Ente und Pilzen

ZUTATEN:

- 2 Tassen Calasparra-Reis
- 1 Pfund Entenkeulen, mit Haut
- 1 Zwiebel, fein gehackt
- 3 Knoblauchzehen, gehackt
- 1 Tasse Waldpilze, in Scheiben geschnitten
- 1 rote Paprika, gewürfelt
- 4 Tassen Hühnerbrühe
- 1 Teelöffel Thymian
- Eine Prise Safranfäden
- Salz und Pfeffer nach Geschmack
- 1/4 Tasse Olivenöl

ANWEISUNGEN:

a) In einer Paella-Pfanne Olivenöl bei mittlerer Hitze erhitzen. Gehackte Zwiebeln und Knoblauch hinzufügen; anbraten, bis es weich ist.
b) Entenkeulen dazugeben und anbraten, bis sie von allen Seiten gebräunt sind.
c) Calasparra-Reis unterrühren, mit Öl bestreichen und mit der Ente vermischen.
d) In Scheiben geschnittene Waldpilze und gehackte rote Paprika hinzufügen. In Hühnerbrühe gießen.
e) Mit Thymian, Safranfäden, Salz und Pfeffer würzen.
f) Kochen, bis der Reis fast fertig ist. Decken Sie die Pfanne ab und lassen Sie es köcheln, bis der Reis vollständig gekocht ist.
g) Heiß servieren.

28. Cornish Hen und Chorizo Paella

ZUTATEN:
- 2 Tassen Valencia-Reis
- 2 Cornish-Hühner, in Stücke geschnitten
- 1/2 Pfund Chorizo-Wurst, in Scheiben geschnitten
- 1 Zwiebel, fein gehackt
- 3 Knoblauchzehen, gehackt
- 1 rote Paprika, in Scheiben geschnitten
- 1 Tasse gefrorene Erbsen
- 4 Tassen Hühnerbrühe
- 1 Teelöffel Paprika
- Eine Prise Safranfäden
- Salz und Pfeffer nach Geschmack
- 1/4 Tasse Olivenöl

ANWEISUNGEN:
a) In einer Paella-Pfanne Olivenöl bei mittlerer Hitze erhitzen. Gehackte Zwiebeln und Knoblauch hinzufügen; anbraten, bis es weich ist.
b) Cornish-Hühnerstücke und Chorizo hinzufügen; kochen, bis das Huhn von allen Seiten gebräunt ist.
c) Valencia-Reis einrühren, mit Öl bestreichen und mit Hühnchen und Chorizo vermischen.
d) In Scheiben geschnittene rote Paprika und gefrorene Erbsen hinzufügen. In Hühnerbrühe gießen.
e) Mit Paprika, Safranfäden, Salz und Pfeffer würzen.
f) Kochen, bis der Reis fast fertig ist. Decken Sie die Pfanne ab und lassen Sie es köcheln, bis der Reis vollständig gekocht ist.
g) Heiß servieren.

29. Paella mit Truthahn und Meeresfrüchten

ZUTATEN:
- 2 Tassen Arborio-Reis
- 1 Pfund gemahlener Truthahn
- 1/2 Pfund gemischte Meeresfrüchte (Garnelen, Muscheln, Tintenfisch)
- 1 Zwiebel, fein gehackt
- 3 Knoblauchzehen, gehackt
- 1 rote Paprika, in Scheiben geschnitten
- 1 Tomate, gewürfelt
- 4 Tassen Hühner- oder Fischbrühe
- 1 Teelöffel geräuchertes Paprikapulver
- 1/2 Teelöffel Safranfäden
- Salz und Pfeffer nach Geschmack
- 1/4 Tasse Olivenöl

ANWEISUNGEN:
a) In einer Paella-Pfanne Olivenöl bei mittlerer Hitze erhitzen. Gehackte Zwiebeln und Knoblauch hinzufügen; anbraten, bis es weich ist.
b) Putenhackfleisch dazugeben und anbraten, bis es braun ist.
c) Arborio-Reis einrühren, mit Öl bestreichen und mit dem Truthahn vermischen.
d) Gehackte Tomaten und geschnittene rote Paprika hinzufügen. In Hühner- oder Fischbrühe gießen.
e) Mit geräuchertem Paprika, Safranfäden, Salz und Pfeffer würzen.
f) Die gemischten Meeresfrüchte über dem Reis anrichten und kochen, bis der Reis fast gar ist.
g) Decken Sie die Pfanne ab und lassen Sie es köcheln, bis der Reis vollständig gekocht ist.
h) Heiß servieren.

SPIELFLEISCH-PAELLA

30. Wild- und Wildpilz-Paella

ZUTATEN:

- 2 Tassen Bomba-Reis
- 1 Pfund Wildbret, gewürfelt
- 1 Zwiebel, fein gehackt
- 3 Knoblauchzehen, gehackt
- 1 Tasse gemischte Waldpilze, in Scheiben geschnitten
- 1 rote Paprika, gewürfelt
- 4 Tassen Wild- oder Rinderbrühe
- 1 Teelöffel geräuchertes Paprikapulver
- Eine Prise Safranfäden
- Salz und Pfeffer nach Geschmack
- 1/4 Tasse Olivenöl

ANWEISUNGEN:

a) In einer Paella-Pfanne Olivenöl bei mittlerer Hitze erhitzen. Gehackte Zwiebeln und Knoblauch hinzufügen; anbraten, bis es weich ist.
b) Gewürfeltes Wild dazugeben und anbraten, bis es von allen Seiten gebräunt ist.
c) Bomba-Reis einrühren, mit Öl bestreichen und mit dem Wildbret vermischen.
d) In Scheiben geschnittene Waldpilze und gehackte rote Paprika hinzufügen. In Wild- oder Rinderbrühe gießen.
e) Mit geräuchertem Paprika, Safranfäden, Salz und Pfeffer würzen.
f) Kochen, bis der Reis fast fertig ist. Decken Sie die Pfanne ab und lassen Sie es köcheln, bis der Reis vollständig gekocht ist.
g) Heiß servieren.

31. Wildschwein- und Chorizo-Paella

ZUTATEN:
- 2 Tassen Calasparra-Reis
- 1 Pfund Wildschwein, gewürfelt
- 1/2 Pfund Chorizo-Wurst, in Scheiben geschnitten
- 1 Zwiebel, fein gehackt
- 3 Knoblauchzehen, gehackt
- 1 grüne Paprika, in Scheiben geschnitten
- 4 Tassen Wild- oder Rinderbrühe
- 1 Teelöffel Paprika
- Eine Prise Safranfäden
- Salz und Pfeffer nach Geschmack
- 1/4 Tasse Olivenöl

ANWEISUNGEN:
a) In einer Paella-Pfanne Olivenöl bei mittlerer Hitze erhitzen. Gehackte Zwiebeln und Knoblauch hinzufügen; anbraten, bis es weich ist.
b) Gewürfeltes Wildschwein und Chorizo dazugeben; kochen, bis das Fleisch gebräunt ist.
c) Calasparra-Reis unterrühren, mit Öl bestreichen und mit dem Fleisch vermischen.
d) In Scheiben geschnittene grüne Paprika hinzufügen. Wild- oder Rinderbrühe angießen.
e) Mit Paprika, Safranfäden, Salz und Pfeffer würzen.
f) Kochen, bis der Reis fast fertig ist. Decken Sie die Pfanne ab und lassen Sie es köcheln, bis der Reis vollständig gekocht ist.
g) Heiß servieren.

32. Fasan-Gemüse-Paella

ZUTATEN:

- 2 Tassen Arborio-Reis
- 1 Pfund Fasanenfleisch, ohne Knochen und gewürfelt
- 1 Zwiebel, fein gehackt
- 3 Knoblauchzehen, gehackt
- 1 gelbe Paprika, gewürfelt
- 1 Tasse grüne Bohnen, geputzt und halbiert
- 4 Tassen Hühner- oder Wildbrühe
- 1 Teelöffel Thymian
- Eine Prise Safranfäden
- Salz und Pfeffer nach Geschmack
- 1/4 Tasse Olivenöl

ANWEISUNGEN:

a) In einer Paella-Pfanne Olivenöl bei mittlerer Hitze erhitzen. Gehackte Zwiebeln und Knoblauch hinzufügen; anbraten, bis es weich ist.
b) Gewürfeltes Fasanenfleisch dazugeben und anbraten, bis es braun ist.
c) Arborio-Reis einrühren, mit Öl bestreichen und mit dem Fasan vermischen.
d) Gehackte gelbe Paprika und halbierte grüne Bohnen hinzufügen. In Hühner- oder Wildbrühe gießen.
e) Mit Thymian, Safranfäden, Salz und Pfeffer würzen.
f) Kochen, bis der Reis fast fertig ist. Decken Sie die Pfanne ab und lassen Sie es köcheln, bis der Reis vollständig gekocht ist.
g) Heiß servieren.

33. Elch-Spargel-Paella

ZUTATEN:

- 2 Tassen Rundkornreis
- Jeweils 1 Pfund Fleisch, in dünne Scheiben geschnitten
- 1 Zwiebel, fein gehackt
- 3 Knoblauchzehen, gehackt
- 1 rote Paprika, in Scheiben geschnitten
- 1 Tasse Spargel, geputzt und in Stücke geschnitten
- 4 Tassen Wild- oder Rinderbrühe
- 1 Teelöffel geräuchertes Paprikapulver
- Eine Prise Safranfäden
- Salz und Pfeffer nach Geschmack
- 1/4 Tasse Olivenöl

ANWEISUNGEN:

a) In einer Paella-Pfanne Olivenöl bei mittlerer Hitze erhitzen. Gehackte Zwiebeln und Knoblauch hinzufügen; anbraten, bis es weich ist.
b) Fügen Sie jedes in Scheiben geschnittene Fleisch hinzu und kochen Sie es, bis es braun ist.
c) Rundkornreis unterrühren, mit Öl bestreichen und mit dem Elch vermischen.
d) In Scheiben geschnittene rote Paprika und Spargel hinzufügen. Wild- oder Rinderbrühe angießen.
e) Mit geräuchertem Paprika, Safranfäden, Salz und Pfeffer würzen.
f) Kochen, bis der Reis fast fertig ist. Decken Sie die Pfanne ab und lassen Sie es köcheln, bis der Reis vollständig gekocht ist.
g) Heiß servieren.

34. Bison-Gemüse-Paella

ZUTATEN:
- 2 Tassen Bomba-Reis
- 1 Pfund Bisonfleisch, gewürfelt
- 1 Zwiebel, fein gehackt
- 3 Knoblauchzehen, gehackt
- 1 gelbe Paprika, gewürfelt
- 1 Zucchini, in Scheiben geschnitten
- 4 Tassen Bison- oder Rinderbrühe
- 1 Teelöffel Paprika
- Eine Prise Safranfäden
- Salz und Pfeffer nach Geschmack
- 1/4 Tasse Olivenöl

ANWEISUNGEN:
a) In einer Paella-Pfanne Olivenöl bei mittlerer Hitze erhitzen. Gehackte Zwiebeln und Knoblauch hinzufügen; anbraten, bis es weich ist.
b) Gewürfeltes Bisonfleisch dazugeben und anbraten, bis es braun ist.
c) Bomba-Reis einrühren, mit Öl bestreichen und mit dem Bison vermischen.
d) Gewürfelte gelbe Paprika und geschnittene Zucchini hinzufügen. In Bison- oder Rinderbrühe gießen.
e) Mit Paprika, Safranfäden, Salz und Pfeffer würzen.
f) Kochen, bis der Reis fast fertig ist. Decken Sie die Pfanne ab und lassen Sie es köcheln, bis der Reis vollständig gekocht ist.
g) Heiß servieren.

35. Paella mit Wildente und Kastanie

ZUTATEN:

- 2 Tassen Calasparra-Reis
- 1 Pfund Wildentenbrüste, in dünne Scheiben geschnitten
- 1 Zwiebel, fein gehackt
- 3 Knoblauchzehen, gehackt
- 1 Tasse Kastanien, geschält und in Scheiben geschnitten
- 1 rote Paprika, gewürfelt
- 4 Tassen Wild- oder Hühnerbrühe
- 1 Teelöffel Thymian
- Eine Prise Safranfäden
- Salz und Pfeffer nach Geschmack
- 1/4 Tasse Olivenöl

ANWEISUNGEN:

a) In einer Paella-Pfanne Olivenöl bei mittlerer Hitze erhitzen. Gehackte Zwiebeln und Knoblauch hinzufügen; anbraten, bis es weich ist.
b) In Scheiben geschnittene Wildentenbrüste hinzufügen und braten, bis sie braun sind.
c) Calasparra-Reis unterrühren, mit Öl bestreichen und mit der Ente vermischen.
d) In Scheiben geschnittene Kastanien und gehackte rote Paprika hinzufügen. Wild- oder Hühnerbrühe angießen.
e) Mit Thymian, Safranfäden, Salz und Pfeffer würzen.
f) Kochen, bis der Reis fast fertig ist. Decken Sie die Pfanne ab und lassen Sie es köcheln, bis der Reis vollständig gekocht ist.
g) Heiß servieren.

36. Wachtel- und Kürbis-Paella

ZUTATEN:

- 2 Tassen Bomba-Reis
- 1 Pfund Wachtel, halbiert
- 1 Zwiebel, fein gehackt
- 3 Knoblauchzehen, gehackt
- 1 Tasse Butternusskürbis, gewürfelt
- 1 gelbe Paprika, in Scheiben geschnitten
- 4 Tassen Wild- oder Hühnerbrühe
- 1 Teelöffel geräuchertes Paprikapulver
- Eine Prise Safranfäden
- Salz und Pfeffer nach Geschmack
- 1/4 Tasse Olivenöl

ANWEISUNGEN:

a) In einer Paella-Pfanne Olivenöl bei mittlerer Hitze erhitzen. Gehackte Zwiebeln und Knoblauch hinzufügen; anbraten, bis es weich ist.
b) Wachtelhälften dazugeben und anbraten, bis sie von allen Seiten braun sind.
c) Bomba-Reis einrühren, mit Öl bestreichen und mit der Wachtel vermischen.
d) Gewürfelten Butternusskürbis und geschnittene gelbe Paprika hinzufügen. Wild- oder Hühnerbrühe angießen.
e) Mit geräuchertem Paprika, Safranfäden, Salz und Pfeffer würzen.
f) Kochen, bis der Reis fast fertig ist. Decken Sie die Pfanne ab und lassen Sie es köcheln, bis der Reis vollständig gekocht ist.
g) Heiß servieren.

37. Wilder Truthahn und Cranberry-Paella

ZUTATEN:
- 2 Tassen Arborio-Reis
- 1 Pfund wilder Truthahn, gewürfelt
- 1 Zwiebel, fein gehackt
- 3 Knoblauchzehen, gehackt
- 1 Tasse Preiselbeeren, frisch oder getrocknet
- 1 grüne Paprika, gewürfelt
- 4 Tassen Wild- oder Putenbrühe
- 1 Teelöffel Thymian
- Eine Prise Safranfäden
- Salz und Pfeffer nach Geschmack
- 1/4 Tasse Olivenöl

ANWEISUNGEN:
a) In einer Paella-Pfanne Olivenöl bei mittlerer Hitze erhitzen. Gehackte Zwiebeln und Knoblauch hinzufügen; anbraten, bis es weich ist.
b) Den gewürfelten Wildtruthahn dazugeben und anbraten, bis er braun ist.
c) Arborio-Reis einrühren, mit Öl bestreichen und mit dem Truthahn vermischen.
d) Preiselbeeren und gehackte grüne Paprika hinzufügen. Wild- oder Putenbrühe angießen.
e) Mit Thymian, Safranfäden, Salz und Pfeffer würzen.
f) Kochen, bis der Reis fast fertig ist. Decken Sie die Pfanne ab und lassen Sie es köcheln, bis der Reis vollständig gekocht ist.
g) Heiß servieren.

38. Bison- und Mais-Paella

ZUTATEN:

- 2 Tassen Rundkornreis
- 1 Pfund Bisonfleisch, in dünne Scheiben geschnitten
- 1 Zwiebel, fein gehackt
- 3 Knoblauchzehen, gehackt
- 1 Tasse Maiskörner
- 1 rote Paprika, gewürfelt
- 4 Tassen Bison- oder Rinderbrühe
- 1 Teelöffel Paprika
- Eine Prise Safranfäden
- Salz und Pfeffer nach Geschmack
- 1/4 Tasse Olivenöl

ANWEISUNGEN:

a) In einer Paella-Pfanne Olivenöl bei mittlerer Hitze erhitzen. Gehackte Zwiebeln und Knoblauch hinzufügen; anbraten, bis es weich ist.
b) In Scheiben geschnittenes Bisonfleisch hinzufügen und braten, bis es braun ist.
c) Kurzkornreis einrühren, mit Öl bestreichen und mit dem Bison vermischen.
d) Maiskörner und gehackte rote Paprika hinzufügen. In Bison- oder Rinderbrühe gießen.
e) Mit Paprika, Safranfäden, Salz und Pfeffer würzen.
f) Kochen, bis der Reis fast fertig ist. Decken Sie die Pfanne ab und lassen Sie es köcheln, bis der Reis vollständig gekocht ist.
g) Heiß servieren.

39. Kaninchen-Kirsch-Paella

ZUTATEN:

- 2 Tassen Valencia-Reis
- 1 Pfund Kaninchenfleisch, in Stücke geschnitten
- 1 Zwiebel, fein gehackt
- 3 Knoblauchzehen, gehackt
- 1 Tasse Kirschen, entkernt und halbiert
- 1 gelbe Paprika, in Scheiben geschnitten
- 4 Tassen Wild- oder Hühnerbrühe
- 1 Teelöffel geräuchertes Paprikapulver
- Eine Prise Safranfäden
- Salz und Pfeffer nach Geschmack
- 1/4 Tasse Olivenöl

ANWEISUNGEN:

a) In einer Paella-Pfanne Olivenöl bei mittlerer Hitze erhitzen. Gehackte Zwiebeln und Knoblauch hinzufügen; anbraten, bis es weich ist.
b) Kaninchenstücke dazugeben und anbraten, bis sie von allen Seiten braun sind.
c) Valencia-Reis einrühren, mit Öl bestreichen und mit dem Kaninchen vermischen.
d) Halbierte Kirschen und geschnittene gelbe Paprika hinzufügen. Wild- oder Hühnerbrühe angießen.
e) Mit geräuchertem Paprika, Safranfäden, Salz und Pfeffer würzen.
f) Kochen, bis der Reis fast fertig ist. Decken Sie die Pfanne ab und lassen Sie es köcheln, bis der Reis vollständig gekocht ist.
g) Heiß servieren.

40. Wachtel-Pilz-Paella

ZUTATEN:
- 2 Tassen Calasparra-Reis
- 1 Pfund Wachtel, halbiert
- 1 Zwiebel, fein gehackt
- 3 Knoblauchzehen, gehackt
- 1 Tasse gemischte Pilze, in Scheiben geschnitten
- 1 gelbe Paprika, gewürfelt
- 4 Tassen Hühnerbrühe
- 1 Teelöffel Thymian
- Eine Prise Safranfäden
- Salz und Pfeffer nach Geschmack
- 1/4 Tasse Olivenöl

ANWEISUNGEN:
a) In einer Paella-Pfanne Olivenöl bei mittlerer Hitze erhitzen. Gehackte Zwiebeln und Knoblauch hinzufügen; anbraten, bis es weich ist.
b) Wachtelhälften dazugeben und anbraten, bis sie von allen Seiten braun sind.
c) Calasparra-Reis einrühren, mit Öl bestreichen und mit der Wachtel vermischen.
d) In Scheiben geschnittene gemischte Pilze und gehackte gelbe Paprika hinzufügen. In Hühnerbrühe gießen.
e) Mit Thymian, Safranfäden, Salz und Pfeffer würzen.
f) Kochen, bis der Reis fast fertig ist. Decken Sie die Pfanne ab und lassen Sie es köcheln, bis der Reis vollständig gekocht ist.
g) Heiß servieren.

41. Kaninchen-Gemüse-Paella

ZUTATEN:

- 2 Tassen Bomba-Reis
- 1 Pfund Kaninchenfleisch, in Stücke geschnitten
- 1 Zwiebel, fein gehackt
- 3 Knoblauchzehen, gehackt
- 1 grüne Paprika, gewürfelt
- 1 Tasse Artischockenherzen, geviertelt
- 4 Tassen Hühnerbrühe
- 1 Teelöffel geräuchertes Paprikapulver
- Eine Prise Safranfäden
- Salz und Pfeffer nach Geschmack
- 1/4 Tasse Olivenöl

ANWEISUNGEN:

a) In einer Paella-Pfanne Olivenöl bei mittlerer Hitze erhitzen. Gehackte Zwiebeln und Knoblauch hinzufügen; anbraten, bis es weich ist.
b) Kaninchenstücke dazugeben und anbraten, bis sie von allen Seiten braun sind.
c) Bomba-Reis einrühren, mit Öl bestreichen und mit dem Kaninchen vermischen.
d) Gewürfelte grüne Paprika und geviertelte Artischockenherzen hinzufügen. In Hühnerbrühe gießen.
e) Mit geräuchertem Paprika, Safranfäden, Salz und Pfeffer würzen.
f) Kochen, bis der Reis fast fertig ist. Decken Sie die Pfanne ab und lassen Sie es köcheln, bis der Reis vollständig gekocht ist.
g) Heiß servieren.

42. Huhn, Kaninchen und Chorizo Paella

ZUTATEN:

- 2 Tassen Bomba-Reis
- 4 Tassen Hühnerbrühe
- 1 Pfund Hähnchenschenkel, mit Knochen und Haut
- 1 Pfund Kaninchen, in Stücke geschnitten
- ½ Pfund Chorizo-Wurst, in Scheiben geschnitten
- 1 Zwiebel, fein gehackt
- 3 Knoblauchzehen, gehackt
- 1 rote Paprika, in Scheiben geschnitten
- 1 Tomate, gerieben
- 1 Teelöffel geräuchertes Paprikapulver
- ½ Teelöffel Safranfäden
- Salz und Pfeffer nach Geschmack
- Olivenöl zum Kochen
- Frische Petersilie zum Garnieren
- Zitronenspalten zum Servieren

ANWEISUNGEN:

a) In einer kleinen Schüssel Safranfäden mit ein paar Esslöffeln warmem Wasser vermischen. Lassen Sie es ziehen.
b) Hähnchenschenkel und Kaninchenstücke mit Salz und Pfeffer würzen. In einer großen Paella-Pfanne Olivenöl bei mittlerer bis hoher Hitze erhitzen. Hähnchen und Kaninchen von allen Seiten anbraten.
c) Chorizo-Scheiben hinzufügen und anbraten, bis sie ihr Öl freisetzen.
d) Zwiebeln, Knoblauch und rote Paprika unterrühren. Kochen, bis das Gemüse weich ist.
e) Geriebene Tomaten, geräuchertes Paprikapulver und die Safranmischung hinzufügen. Einige Minuten kochen lassen.
f) Den Reis gleichmäßig in der Pfanne verteilen und in die Hühnerbrühe gießen.
g) Ohne Rühren köcheln lassen, bis der Reis gar ist und die Flüssigkeit aufgesogen ist.
h) Mit frischer Petersilie garnieren und mit Zitronenspalten servieren.

PASTA-PAELLA

43. Paella Primavera

ZUTATEN:
- 2 ½ Teelöffel Olivenöl
- 1 Tasse gehackte rote Paprika
- 1 Tasse dünn geschnittene Frühlingszwiebeln
- 3 Tassen natriumarme Gemüsebrühe
- 1 Esslöffel gehackter Knoblauch (3 Zehen)
- 1 Teelöffel zerbröselte Safranfäden
- 1 Tasse weißer Kurzkornreis, z. B. Valencia
- 3 Tassen Brokkoliröschen
- 1 Tasse frische oder gefrorene Babyerbsen
- 1 Tasse halbierte Trauben- oder Kirschtomaten
- 12 halbierte entkernte grüne Oliven
- 12 halbierte entsteinte schwarze Oliven (optional)
- Zitronenscheiben
- ¼ Tasse gehackte frische Petersilie

ANWEISUNGEN:
a) Das Olivenöl in einer großen beschichteten Pfanne bei mittlerer Hitze erhitzen. Paprika und Frühlingszwiebeln hinzufügen und 5 Minuten kochen lassen.
b) Gemüsebrühe, Knoblauch und Safran einrühren und zum Kochen bringen.
c) Den Reis über die Zutaten streuen, die Hitze auf mittlere Stufe reduzieren und zugedeckt 10 Minuten köcheln lassen.
d) Brokkoli, Erbsen, Tomaten und Oliven über den Reis streuen. Decken Sie die Pfanne ab und kochen Sie die Paella 8 Minuten lang oder bis der Reis weich ist.
e) Vom Herd nehmen und abgedeckt 5 Minuten ruhen lassen. Bei Bedarf mit Salz und Pfeffer würzen.
f) Zum Servieren die Paella in 6 Schüsseln füllen und jeweils mit Zitronenspalten und Petersilie garnieren.

44. Pasta-Paella mit Muscheln und scharfer Wurst

ZUTATEN:
- 1 mittelgroße Zucchini
- 4 Pflaumentomaten
- 1 mittelgroße Zwiebel
- 2 Knoblauchzehen
- 2 Esslöffel Olivenöl
- 6 Unzen Fideos (spanische getrocknete, gewickelte Fadennudelnspaghetti, in 2-Zoll-Stücke gebrochen) oder dünne Nudeln (6 Unzen)
- ¼ Pfund heiße italienische Wurst übrig
- 1 ¼ Tassen Wasser
- ¾ Tasse trockener Weißwein
- 12 kleine Muscheln mit harter Schale, z. B. Zwergmuscheln (weniger als 5 cm lang)
- 1 Esslöffel gehackte frische Petersilienblätter

ANWEISUNGEN:

a) Schneiden Sie die Zucchini und die Tomaten in ½ Zoll große Stücke und halten Sie das Gemüse getrennt. Die Zwiebel hacken und den Knoblauch zerkleinern.

b) Erhitzen Sie das Olivenöl in einem schweren Wasserkocher bei mäßig hoher Hitze, bis es heiß ist, aber nicht raucht. Die ungekochten Nudeln unter gelegentlichem Wenden ca. 2 Minuten anbraten, bis sie goldbraun sind. Geben Sie die Nudeln mit einem Schaumlöffel in eine Schüssel.

c) Im selben Wasserkocher mit dem restlichen Öl die Zucchini mit Salz nach Geschmack anbraten und dabei gelegentlich umrühren, bis sie gebräunt ist (ca. 3 Minuten). Gib die Zucchini in eine andere Schüssel.

d) Drücken Sie die Wurst aus der Hülle in den Kessel und fügen Sie die gehackte Zwiebel und den gehackten Knoblauch hinzu. Die Mischung anbraten, dabei umrühren und die Wurst zerkleinern, bis sie gebräunt ist, etwa 5 Minuten.

e) Die gehackten Tomaten, Wasser und Weißwein in den Wasserkocher geben und die Mischung zum Kochen bringen.

f) Die sautierten Nudeln und Muscheln hinzufügen. Ohne Deckel unter gelegentlichem Rühren etwa 8 Minuten lang kochen, oder bis sich die Muscheln öffnen und die Nudeln al dente sind. Entsorgen Sie alle ungeöffneten Muscheln.

g) Die sautierte Zucchini und die gehackte Petersilie unterrühren und kochen, bis alles durchgeheizt ist.

45. Spanische Nudel-Paella (Fideuà)

ZUTATEN:
- 10 Unzen dicke Spaghetti oder Bucatini
- 2 Esslöffel Olivenöl
- 1 mittelgroße Zwiebel, fein gehackt
- 2 Knoblauchzehen, gehackt
- 3 große reife Tomaten, geschält, entkernt und fein gehackt
- 1 Teelöffel süßes Paprikapulver
- 12 kleine Muscheln, unter kaltem Wasser geschrubbt
- 6 Unzen Garnelen, geschält und entdarmt
- 6 Unzen Jakobsmuscheln (große in Viertel geschnitten; kleine halbiert oder ganz gelassen)
- 8 Unzen Seeteufel oder anderer fester Weißfisch, diagonal in ½-Zoll-Scheiben schneiden (Menge nach Bedarf anpassen)
- 3 Tassen Fisch- oder Hühnerbrühe, Muschelbrühe in Flaschen oder nach Bedarf
- ¼ Teelöffel Safranfäden, eingeweicht in 1 Esslöffel warmem Wasser
- Salz und frisch gemahlener schwarzer Pfeffer nach Geschmack
- 2 Esslöffel gehackte frische Petersilie zum Garnieren

ANWEISUNGEN:

a) Brechen Sie die dicken Spaghetti oder Bucatini in 2,5 cm große Stücke, halten Sie jeweils ein paar Stränge fest und legen Sie sie beiseite.

b) Das Olivenöl in einer Paella-Pfanne oder einer großen Pfanne erhitzen. Fügen Sie die fein gehackte Zwiebel und den gehackten Knoblauch hinzu und kochen Sie bei mittlerer Hitze etwa 4 Minuten lang, bis sie weich und durchscheinend, aber nicht braun werden.

c) Die geschälten, entkernten und fein gehackten Tomaten und den süßen Paprika unterrühren. Kochen, bis die gesamte Flüssigkeit aus den Tomaten verdampft ist. Dies sollte etwa 5 Minuten dauern.

d) Muscheln, Garnelen, Jakobsmuscheln und Seeteufel hinzufügen und 1 Minute anbraten. Dann 2 ½ Tassen Fischbrühe und den in warmem Wasser eingeweichten Safran hinzufügen. Bringen Sie es zum Kochen.

e) Die zerbrochenen Nudeln einrühren und erneut aufkochen lassen. Reduzieren Sie die Hitze und lassen Sie die Nudeln leicht köcheln, bis sie gar sind. Dies dauert etwa 15 bis 20 Minuten. Gelegentlich umrühren.

f) Wenn die Mischung zu stark austrocknet, bevor die Nudeln vollständig gekocht sind, fügen Sie die restliche Brühe hinzu. Mit Salz und Pfeffer abschmecken.

g) Das Gericht mit gehackter frischer Petersilie bestreuen und sofort servieren.

46. Muschelnudeln im Paella-Stil

ZUTATEN:
- 2 Tassen Hühnerbrühe
- ¾ Tasse trockener Weißwein
- ½ Teelöffel zerbröselte Safranfäden
- 3 Esslöffel Olivenöl
- 6 Unzen Fideos (dünne spanische Nudeln in Rollen) oder dünne Spaghetti, in 5 cm lange Stücke gebrochen
- 6 große Garnelen (16 bis 20 pro Pfund), geschält
- 6 große Jakobsmuscheln
- 6 neuseeländische Herzmuscheln oder Manilamuscheln, geschrubbt
- ½ (9-Unzen) Packung gefrorene Artischockenherzen, aufgetaut
- 1 Teelöffel gehackter frischer Schnittlauch

ANWEISUNGEN:
a) Heizen Sie den Ofen auf 400 °F (200 °C) vor.
b) In einem Topf Hühnerbrühe und Weißwein zum Kochen bringen und dann den Safran einrühren. Lassen Sie die Mischung köcheln.
c) Erhitzen Sie das Olivenöl in einer schweren ofenfesten Pfanne mit einem Bodendurchmesser von 20 cm bei mäßig hoher Hitze, bis es heiß ist, aber nicht raucht. Die ungekochten Nudeln unter Rühren ca. 2 Minuten anbraten, bis sie goldbraun sind.
d) Die kochende Brühemischung über die Nudeln gießen und 5 Minuten köcheln lassen.
e) Legen Sie die Schalentiere und Artischockenherzen in die Nudeln und backen Sie sie ohne Deckel in der Mitte des Ofens, bis die Flüssigkeit eine sirupartige Glasur bildet (die Nudeln sollten zart, aber oben knusprig sein), etwa 20 Minuten.
f) Die Nudeln mit gehacktem Schnittlauch bestreuen.

47. Pasta-Paella mit Hühnchen und Chorizo

ZUTATEN:

- 8 Unzen Penne-Nudeln
- 1 Pfund Hähnchenbrust, gewürfelt
- ½ Pfund Chorizo, in Scheiben geschnitten
- 1 Zwiebel, fein gehackt
- 2 Knoblauchzehen, gehackt
- 1 rote Paprika, gewürfelt
- 1 Teelöffel geräuchertes Paprikapulver
- ½ Teelöffel Safranfäden (optional)
- 2 Tassen Hühnerbrühe
- Salz und Pfeffer nach Geschmack
- Olivenöl zum Kochen
- Frische Petersilie zum Garnieren

ANWEISUNGEN:

a) Die Penne-Nudeln nach Packungsanleitung kochen. Abtropfen lassen und beiseite stellen.
b) In einer großen Pfanne Olivenöl bei mittlerer Hitze erhitzen. Das gewürfelte Hähnchen und die Chorizo dazugeben. Kochen, bis es braun ist.
c) Zwiebeln, Knoblauch und Paprika hinzufügen. Anbraten, bis das Gemüse weich ist.
d) Räucherpaprika und Safranfäden (falls verwendet) unterrühren.
e) Mit Hühnerbrühe aufgießen und einige Minuten köcheln lassen.
f) Die gekochten Nudeln in die Pfanne geben und vermengen, bis sie gut bedeckt sind.
g) Mit Salz und Pfeffer abschmecken. Vor dem Servieren mit frischer Petersilie garnieren.

48. Pasta-Paella mit Gemüse und Pilzen

ZUTATEN:
- 8 Unzen Fettuccine oder Ihre Lieblingsnudeln
- 1 Tasse Champignons, in Scheiben geschnitten
- 1 Zucchini, gewürfelt
- 1 rote Paprika, gewürfelt
- 1 Zwiebel, fein gehackt
- 2 Knoblauchzehen, gehackt
- 1 Teelöffel geräuchertes Paprikapulver
- ½ Teelöffel Safranfäden (optional)
- 2 Tassen Gemüsebrühe
- Salz und Pfeffer nach Geschmack
- Olivenöl zum Kochen
- Frische Petersilie zum Garnieren

ANWEISUNGEN:

a) Die Fettuccine nach Packungsanleitung kochen. Abtropfen lassen und beiseite stellen.

b) In einer großen Pfanne Olivenöl bei mittlerer Hitze erhitzen. Zwiebeln, Knoblauch, Pilze, Zucchini und Paprika hinzufügen. Anbraten, bis das Gemüse weich ist.

c) Räucherpaprika und Safranfäden (falls verwendet) unterrühren.

d) Mit Gemüsebrühe aufgießen und einige Minuten köcheln lassen.

e) Die gekochten Nudeln in die Pfanne geben und gut verrühren.

f) Mit Salz und Pfeffer abschmecken. Vor dem Servieren mit frischer Petersilie garnieren.

49. Garnelen und Chorizo Orzo Paella

ZUTATEN:
- 8 Unzen Orzo-Nudeln
- 1 Pfund große Garnele, geschält und entdarmt
- ½ Pfund Chorizo, in Scheiben geschnitten
- 1 Zwiebel, fein gehackt
- 2 Knoblauchzehen, gehackt
- 1 rote Paprika, gewürfelt
- 1 Teelöffel geräuchertes Paprikapulver
- ½ Teelöffel Safranfäden (optional)
- 2 Tassen Hühnerbrühe
- Salz und Pfeffer nach Geschmack
- Olivenöl zum Kochen
- Frische Petersilie zum Garnieren

ANWEISUNGEN:

a) Die Orzo-Nudeln nach Packungsanleitung kochen. Abtropfen lassen und beiseite stellen.

b) In einer großen Pfanne Olivenöl bei mittlerer Hitze erhitzen. Chorizo hinzufügen und braten, bis es braun ist.

c) Zwiebeln, Knoblauch und Paprika hinzufügen. Anbraten, bis das Gemüse weich ist.

d) Räucherpaprika und Safranfäden (falls verwendet) unterrühren.

e) Garnelen in die Pfanne geben und kochen, bis sie rosa werden.

f) Mit Hühnerbrühe aufgießen und einige Minuten köcheln lassen.

g) Fügen Sie die gekochten Orzo-Nudeln hinzu und rühren Sie um, bis sie gut bedeckt sind. Mit Salz und Pfeffer würzen.

h) Vor dem Servieren mit frischer Petersilie garnieren.

50. mit Hühnchen und grünen Bohnen

ZUTATEN:

- 8 Unzen Linguine oder Conchiglie
- 1 Pfund Hähnchenschenkel ohne Knochen und Haut, gewürfelt
- 1 Zwiebel, fein gehackt
- 2 Knoblauchzehen, gehackt
- 1 Tasse Kirschtomaten, halbiert
- 1 Tasse grüne Bohnen, gehackt
- ½ Teelöffel Safranfäden
- 2 Tassen Hühnerbrühe
- Salz und Pfeffer nach Geschmack
- Olivenöl zum Kochen
- Frischer Basilikum zum Garnieren

ANWEISUNGEN:

a) Die Linguine nach Packungsanleitung kochen. Abtropfen lassen und beiseite stellen.
b) In einer großen Pfanne Olivenöl bei mittlerer Hitze erhitzen. Zwiebeln und Knoblauch hinzufügen. Sautieren, bis es weich ist.
c) Gewürfeltes Hähnchen dazugeben und braten, bis es braun ist.
d) Kirschtomaten und grüne Bohnen unterrühren.
e) Fügen Sie der Hühnerbrühe Safranfäden hinzu und gießen Sie die Mischung in die Pfanne. Einige Minuten köcheln lassen.
f) Die gekochte Linguine dazugeben und vermengen, bis alles gut vermischt ist. Mit Salz und Pfeffer würzen.
g) Vor dem Servieren mit frischem Basilikum garnieren.

51. Penne Paella mit Spinat und Artischocke

ZUTATEN:
- 8 Unzen Penne-Nudeln
- 1 Dose Artischockenherzen, abgetropft und gehackt
- 2 Tassen frischer Spinat
- 1 Zwiebel, fein gehackt
- 2 Knoblauchzehen, gehackt
- 1 rote Paprika, gewürfelt
- 1 Teelöffel geräuchertes Paprikapulver
- ½ Teelöffel Safranfäden (optional)
- 2 Tassen Gemüsebrühe
- Salz und Pfeffer nach Geschmack
- Olivenöl zum Kochen
- Zum Garnieren geriebener Parmesan

ANWEISUNGEN:
a) Die Penne-Nudeln nach Packungsanleitung kochen. Abtropfen lassen und beiseite stellen.
b) In einer großen Pfanne Olivenöl bei mittlerer Hitze erhitzen. Zwiebeln, Knoblauch und Paprika hinzufügen. Anbraten, bis das Gemüse weich ist.
c) Räucherpaprika und Safranfäden (falls verwendet) unterrühren.
d) Artischockenherzen und frischen Spinat in die Pfanne geben. Kochen, bis der Spinat zusammengefallen ist.
e) Mit Gemüsebrühe aufgießen und einige Minuten köcheln lassen.
f) Die gekochten Penne-Nudeln dazugeben und verrühren, bis sie gut bedeckt sind. Mit Salz und Pfeffer würzen.
g) Vor dem Servieren mit geriebenem Parmesan garnieren.

52. Gemüsepaella mit Orzo

ZUTATEN:
- 1 Tasse Orzo-Nudeln
- 1 Zwiebel, fein gehackt
- 3 Knoblauchzehen, gehackt
- 1 Zucchini, gewürfelt
- 1 rote Paprika, in Scheiben geschnitten
- 1 Tasse Kirschtomaten, halbiert
- 4 Tassen Gemüsebrühe
- 1 Teelöffel geräuchertes Paprikapulver
- Eine Prise Safranfäden
- Salz und Pfeffer nach Geschmack
- 1/4 Tasse Olivenöl

ANWEISUNGEN:

a) In einer Paella-Pfanne Olivenöl bei mittlerer Hitze erhitzen. Gehackte Zwiebeln und Knoblauch hinzufügen; anbraten, bis es weich ist.

b) Orzo-Nudeln hinzufügen und kochen, bis sie leicht geröstet sind.

c) Gewürfelte Zucchini, geschnittene rote Paprika und halbierte Kirschtomaten unterrühren.

d) Gemüsebrühe und Safranfäden angießen. Mit geräuchertem Paprika, Salz und Pfeffer würzen.

e) Kochen, bis der Orzo zart ist und die Aromen des Gemüses und der Brühe aufgenommen hat.

f) Decken Sie die Pfanne ab und lassen Sie sie vor dem Servieren einige Minuten ruhen.

53. Orzo-Paella mit Wurst und Pilzen

ZUTATEN:
- 1 Tasse Orzo-Nudeln
- 1/2 Pfund italienische Wurst, Hülle entfernt und zerbröckelt
- 1 Zwiebel, fein gehackt
- 3 Knoblauchzehen, gehackt
- 1 Tasse Champignons, in Scheiben geschnitten
- 1 rote Paprika, gewürfelt
- 4 Tassen Hühner- oder Gemüsebrühe
- 1 Teelöffel getrockneter Thymian
- Salz und Pfeffer nach Geschmack
- 1/4 Tasse Olivenöl

ANWEISUNGEN:

a) In einer Paella-Pfanne Olivenöl bei mittlerer Hitze erhitzen. Gehackte Zwiebeln und Knoblauch hinzufügen; anbraten, bis es weich ist.

b) Zerkrümelte italienische Wurst dazugeben und braten, bis sie braun ist.

c) Orzo-Nudeln einrühren, mit Öl bestreichen und mit der Wurst vermischen.

d) In Scheiben geschnittene Champignons und gehackte rote Paprika hinzufügen. In Hühner- oder Gemüsebrühe gießen.

e) Mit getrocknetem Thymian, Salz und Pfeffer würzen.

f) Kochen, bis der Orzo zart ist und die Aromen der Wurst und des Gemüses aufgenommen hat.

g) Decken Sie die Pfanne ab und lassen Sie sie vor dem Servieren einige Minuten ruhen.

54. Orzo-Paella mit Garnelen und Spargel

ZUTATEN:
- 1 Tasse Orzo-Nudeln
- 1/2 Pfund Garnelen, geschält und entdarmt
- 1 Zwiebel, fein gehackt
- 3 Knoblauchzehen, gehackt
- 1 Bund Spargel, geputzt und in Stücke geschnitten
- 1 Tasse Kirschtomaten, halbiert
- 4 Tassen Hühner- oder Gemüsebrühe
- 1 Teelöffel Zitronenschale
- Salz und Pfeffer nach Geschmack
- 1/4 Tasse Olivenöl

ANWEISUNGEN:
a) In einer Paella-Pfanne Olivenöl bei mittlerer Hitze erhitzen. Gehackte Zwiebeln und Knoblauch hinzufügen; anbraten, bis es weich ist.
b) Orzo-Nudeln hinzufügen und kochen, bis sie leicht geröstet sind.
c) Garnelen, halbierte Kirschtomaten und Spargelstücke unterrühren.
d) In Hühner- oder Gemüsebrühe gießen. Mit Zitronenschale, Salz und Pfeffer würzen.
e) Kochen, bis der Orzo zart und die Garnelen gar sind.
f) Decken Sie die Pfanne ab und lassen Sie sie vor dem Servieren einige Minuten ruhen.

FLEISCH-PAELLA

55. Paella mit grünen Tomaten und Speck

ZUTATEN:
- 6 Unzen Speck, in ¼-Zoll-Streifen geschnitten
- 1 Tasse gehackte Zwiebel
- 1 Tasse grüner Pfeffer, in ½-Zoll-Würfel geschnitten
- 2 Knoblauchzehen, geschält, gehackt und zerdrückt
- 1 Jalapenopfeffer, entkernt und gehackt
- 2 Tassen Langkornreis (ungekocht)
- 2 Tassen entkernte und grob gehackte grüne Tomaten
- 4 Tassen Hühnerbrühe
- 1 Teelöffel Salz
- ¼ Teelöffel frisch gemahlener Pfeffer
- 1 Esslöffel gehackter Koriander
- 1 Esslöffel gehackte italienische Petersilie

ANWEISUNGEN:
a) In einer großen Bratpfanne oder Paella-Pfanne mit dickem Boden den Speck ausbraten, bis er braun ist und sein Fett abgegeben hat. Bis auf 3 Esslöffel alles Fett wegwerfen.
b) Gehackte Zwiebel, grüne Paprika, Knoblauch und Jalapeno unterrühren. Bei mittlerer Hitze 7 bis 8 Minuten kochen, bis das Gemüse zusammengefallen ist.
c) Den Reis einrühren und noch 1 Minute kochen lassen.
d) Grüne Tomaten, Hühnerbrühe, Salz und Pfeffer hinzufügen. Bringen Sie die Mischung zum Kochen.
e) Decken Sie die Pfanne ab, stellen Sie die Hitze auf eine sehr niedrige Stufe und kochen Sie den Reis etwa 20 Minuten lang oder bis der Reis die gesamte Flüssigkeit aufgesogen hat.
f) Die Paella mit einer Gabel auflockern und den gehackten Koriander und die italienische Petersilie unterrühren.
g) Abdecken und vor dem Servieren 5 Minuten ruhen lassen.

56. Speck-Kimchi-Paella mit Hühnchen

ZUTATEN:
- 1 Tasse Arborio-Reis (oder jeder für Paella geeignete Kurzkornreis)
- 2 Hähnchenbrüste ohne Knochen und Haut, in mundgerechte Stücke geschnitten
- 4-6 Scheiben Speck, gehackt
- 1 Tasse Kimchi, gehackt
- 1 Zwiebel, fein gehackt
- 2 Knoblauchzehen, gehackt
- 1 rote Paprika, in Scheiben geschnitten
- 1 Tasse gefrorene Erbsen
- 1 Teelöffel Paprika
- ½ Teelöffel geräuchertes Paprikapulver (optional)
- ¼ Teelöffel Safranfäden (optional)
- 2 Tassen Hühnerbrühe
- ½ Tasse Weißwein
- Salz und schwarzer Pfeffer nach Geschmack
- 2 Esslöffel Olivenöl
- Gehackte frische Petersilie zum Garnieren

ANWEISUNGEN:
a) Beginnen Sie damit, die Safranfäden in 2 Esslöffel warmem Wasser einzuweichen und beiseite zu stellen. Dies wird dazu beitragen, seinen Geschmack und seine Farbe freizusetzen.
b) In einer großen Pfanne mit flachem Boden oder einer Paella-Pfanne das Olivenöl bei mittlerer bis hoher Hitze erhitzen. Den gehackten Speck hinzufügen und braten, bis er knusprig wird. Nehmen Sie den Speck aus der Pfanne und legen Sie ihn beiseite. Lassen Sie dabei das Speckfett in der Pfanne.
c) Die Hähnchenstücke mit Salz, schwarzem Pfeffer und Paprika würzen. Geben Sie das Hähnchen in dieselbe Pfanne und kochen Sie es, bis es gebräunt und durchgegart ist. Nehmen Sie das Hähnchen aus der Pfanne und legen Sie es beiseite.
d) In dieselbe Pfanne die gehackte Zwiebel, den Knoblauch und die in Scheiben geschnittene rote Paprika geben. Braten Sie sie an, bis die Zwiebeln glasig werden und der Pfeffer weich wird.
e) Geben Sie den Arborio-Reis in die Pfanne und rühren Sie ihn einige Minuten lang um, um den Reis leicht zu rösten.
f) Gießen Sie den Weißwein hinzu und kochen Sie, bis er größtenteils vom Reis aufgenommen wird.

g) Das gehackte Kimchi und den gekochten Speck in die Pfanne geben und alles vermischen.
h) Fügen Sie die Safranfäden zusammen mit der Einweichflüssigkeit, geräuchertem Paprika (falls verwendet) und 1 Tasse Hühnerbrühe hinzu. Gut umrühren.
i) Kochen Sie die Paella weiter bei mittlerer Hitze, fügen Sie nach Bedarf mehr Hühnerbrühe hinzu und rühren Sie gelegentlich um. Der Reis sollte die Flüssigkeit aufnehmen und cremig werden, dabei aber noch einen leichten Biss (al dente) behalten. Dies sollte etwa 15–20 Minuten dauern.
j) In den letzten Minuten des Garvorgangs die gefrorenen Erbsen und das gekochte Hähnchen wieder in die Pfanne geben. Rühren, bis die Erbsen durchgewärmt sind.
k) Probieren Sie die Paella und würzen Sie sie nach Bedarf mit Salz und schwarzem Pfeffer.
l) Sobald der Reis vollständig gekocht ist und die Flüssigkeit größtenteils aufgesogen ist, nehmen Sie die Paella vom Herd und lassen Sie sie vor dem Servieren einige Minuten ruhen.
m) Mit gehackter frischer Petersilie garnieren und Ihre Bacon-Kimchi-Paella mit Hühnchen heiß servieren.

57. Paella mit Rindfleisch und Meeresfrüchten

ZUTATEN:
- 2 Tassen Paella-Reis
- 4 Tassen Rinderbrühe
- 1 Pfund Rinderfilet, in dünne Scheiben geschnitten
- ½ Pfund Garnelen, geschält und entdarmt
- ½ Pfund Muscheln, gereinigt
- 1 Zwiebel, fein gehackt
- 3 Knoblauchzehen, gehackt
- 1 rote Paprika, in Scheiben geschnitten
- 1 Tomate, gewürfelt
- 1 Teelöffel geräuchertes Paprikapulver
- ½ Teelöffel Safranfäden
- Salz und Pfeffer nach Geschmack
- Olivenöl zum Kochen
- Frische Petersilie zum Garnieren
- Zitronenspalten zum Servieren

ANWEISUNGEN:
a) In einer kleinen Schüssel Safranfäden mit ein paar Esslöffeln warmem Wasser vermischen. Lassen Sie es ziehen.
b) Rindfleischscheiben mit Salz und Pfeffer würzen. In einer großen Paella-Pfanne Olivenöl bei mittlerer bis hoher Hitze erhitzen. Das Rindfleisch anbraten, bis es braun ist.
c) Zwiebeln, Knoblauch und rote Paprika hinzufügen. Kochen, bis das Gemüse weich ist.
d) Gewürfelte Tomaten, geräuchertes Paprikapulver und die Safranmischung unterrühren. Einige Minuten kochen lassen.
e) Den Reis gleichmäßig in der Pfanne verteilen und in die Rinderbrühe gießen.
f) Ohne Rühren köcheln lassen, bis der Reis gar ist und die Flüssigkeit aufgesogen ist.
g) Garnelen und Muscheln auf dem Reis anrichten und kochen, bis die Meeresfrüchte gar sind.
h) Mit frischer Petersilie garnieren und mit Zitronenspalten servieren.

58. Schweinefleisch und Chorizo-Paella

ZUTATEN:

- 2 Tassen Arborio-Reis
- 4 Tassen Hühnerbrühe
- 1 Pfund Schweinelende, in mundgerechte Stücke geschnitten
- ½ Pfund Chorizo-Wurst, in Scheiben geschnitten
- 1 Zwiebel, fein gehackt
- 3 Knoblauchzehen, gehackt
- 1 rote Paprika, in Scheiben geschnitten
- 1 Tomate, gewürfelt
- 1 Teelöffel geräuchertes Paprikapulver
- ½ Teelöffel Safranfäden
- Salz und Pfeffer nach Geschmack
- Olivenöl zum Kochen
- Frische Petersilie zum Garnieren
- Zitronenspalten zum Servieren

ANWEISUNGEN:

a) In einer kleinen Schüssel Safranfäden mit ein paar Esslöffeln warmem Wasser vermischen. Lassen Sie es ziehen.
b) Schweinefleischstücke mit Salz und Pfeffer würzen. In einer großen Paella-Pfanne Olivenöl bei mittlerer bis hoher Hitze erhitzen. Das Schweinefleisch von allen Seiten anbraten.
c) Chorizo-Scheiben hinzufügen und anbraten, bis sie ihr Öl freisetzen.
d) Zwiebeln, Knoblauch und rote Paprika unterrühren. Kochen, bis das Gemüse weich ist.
e) Gewürfelte Tomaten, geräuchertes Paprikapulver und die Safranmischung hinzufügen. Einige Minuten kochen lassen.
f) Den Arborio-Reis gleichmäßig in der Pfanne verteilen und in die Hühnerbrühe gießen.
g) Ohne Rühren köcheln lassen, bis der Reis gar ist und die Flüssigkeit aufgesogen ist.
h) Mit frischer Petersilie garnieren und mit Zitronenspalten servieren.

59. Lamm-Gemüse-Paella

ZUTATEN:

- 2 Tassen Rundkornreis
- 4 Tassen Gemüsebrühe
- 1 Pfund Lammschulter, gewürfelt
- 1 Zwiebel, fein gehackt
- 3 Knoblauchzehen, gehackt
- 1 Zucchini, in Scheiben geschnitten
- 1 rote Paprika, gewürfelt
- 1 Tasse grüne Bohnen, gehackt
- 1 Teelöffel geräuchertes Paprikapulver
- ½ Teelöffel Safranfäden
- Salz und Pfeffer nach Geschmack
- Olivenöl zum Kochen
- Frische Minze zum Garnieren
- Zitronenspalten zum Servieren

ANWEISUNGEN:

a) In einer kleinen Schüssel Safranfäden mit ein paar Esslöffeln warmem Wasser vermischen. Lassen Sie es ziehen.
b) Lammfleisch mit Salz und Pfeffer würzen. In einer großen Paella-Pfanne Olivenöl bei mittlerer bis hoher Hitze erhitzen. Das Lammfleisch von allen Seiten anbraten.
c) Zwiebeln, Knoblauch, rote Paprika, Zucchini und Kirschtomaten hinzufügen. Anbraten, bis das Gemüse weich ist.
d) Geräuchertes Paprikapulver und die Safranmischung unterrühren. Einige Minuten kochen lassen.
e) Den Arborio-Reis gleichmäßig in der Pfanne verteilen und in die Lamm- oder Rinderbrühe gießen.
f) Ohne Rühren köcheln lassen, bis der Reis gar ist und die Flüssigkeit aufgesogen ist.
g) Mit frischer Minze garnieren und mit Zitronenspalten servieren.

60. Paella mit Truthahn und Meeresfrüchten

ZUTATEN:
- 2 Tassen Valencia-Reis
- 4 Tassen Truthahn- oder Hühnerbrühe
- 1 Pfund gemahlener Truthahn
- ½ Pfund Tintenfisch, gereinigt und in Scheiben geschnitten
- ½ Pfund Muscheln
- 1 Zwiebel, fein gehackt
- 3 Knoblauchzehen, gehackt
- 1 rote Paprika, in Scheiben geschnitten
- 1 Tomate, gewürfelt
- 1 Teelöffel geräuchertes Paprikapulver
- ½ Teelöffel Safranfäden
- Salz und Pfeffer nach Geschmack
- Olivenöl zum Kochen
- Frische Petersilie zum Garnieren
- Zitronenspalten zum Servieren

ANWEISUNGEN:
a) In einer kleinen Schüssel Safranfäden mit ein paar Esslöffeln warmem Wasser vermischen. Lassen Sie es ziehen.
b) In einer großen Paella-Pfanne Olivenöl bei mittlerer bis hoher Hitze erhitzen. Den gemahlenen Truthahn anbraten.
c) Zwiebeln, Knoblauch, rote Paprika und Tomate hinzufügen. Anbraten, bis das Gemüse weich ist.
d) Geräuchertes Paprikapulver und die Safranmischung unterrühren. Einige Minuten kochen lassen.
e) Den Valencia-Reis gleichmäßig in der Pfanne verteilen und in die Puten- oder Hühnerbrühe gießen.
f) Ohne Rühren köcheln lassen, bis der Reis gar ist und die Flüssigkeit aufgesogen ist.
g) Tintenfisch und Muscheln auf dem Reis anrichten und kochen, bis die Meeresfrüchte gar sind.
h) Mit frischer Petersilie garnieren und mit Zitronenspalten servieren.

61. Paella mit Schweinefleisch und Meeresfrüchten

ZUTATEN:
- 2 Tassen Calasparra-Reis
- 1/2 Pfund Schweinefilet, in Stücke geschnitten
- 1/2 Pfund Garnelen, geschält und entdarmt
- 1/2 Pfund Muscheln, gereinigt
- 1 Zwiebel, fein gehackt
- 3 Knoblauchzehen, gehackt
- 1 grüne Paprika, in Scheiben geschnitten
- 1 Tasse gehackte Tomaten
- 4 Tassen Hühner- oder Schweinebrühe
- 1 Teelöffel süßer Paprika
- Eine Prise Safranfäden
- Salz und Pfeffer nach Geschmack
- 1/4 Tasse Olivenöl

ANWEISUNGEN:
a) In einer Paella-Pfanne Olivenöl bei mittlerer Hitze erhitzen. Gehackte Zwiebeln und Knoblauch hinzufügen; anbraten, bis es weich ist.
b) Schweinefiletstücke hinzufügen und braten, bis sie braun sind.
c) Calasparra-Reis unterrühren, mit Öl bestreichen und mit dem Schweinefleisch vermischen.
d) Gehackte grüne Paprika und Tomaten hinzufügen. In Hühner- oder Schweinebrühe gießen.
e) Mit süßem Paprika, Safranfäden, Salz und Pfeffer würzen.
f) Garnelen und Muscheln auf dem Reis anrichten und kochen, bis der Reis fast gar ist.
g) Decken Sie die Pfanne ab und lassen Sie es köcheln, bis der Reis vollständig gekocht ist.
h) Heiß servieren.

62. Paella mit Rindfleisch und Pilzen

ZUTATEN:

- 2 Tassen Calasparra-Reis
- 1 Pfund Rinderfilet, in dünne Scheiben geschnitten
- 1 Zwiebel, fein gehackt
- 3 Knoblauchzehen, gehackt
- 1 Tasse gemischte Pilze, in Scheiben geschnitten
- 1 rote Paprika, gewürfelt
- 4 Tassen Rinder- oder Gemüsebrühe
- 1 Teelöffel geräuchertes Paprikapulver
- Eine Prise Safranfäden
- Salz und Pfeffer nach Geschmack
- 1/4 Tasse Olivenöl

ANWEISUNGEN:

a) In einer Paella-Pfanne Olivenöl bei mittlerer Hitze erhitzen. Gehackte Zwiebeln und Knoblauch hinzufügen; anbraten, bis es weich ist.
b) Fügen Sie dünn geschnittenes Rinderfilet hinzu und kochen Sie es, bis es braun ist.
c) Calasparra-Reis einrühren, mit Öl bestreichen und mit dem Rindfleisch vermischen.
d) In Scheiben geschnittene gemischte Pilze und gehackte rote Paprika hinzufügen. In Rinder- oder Gemüsebrühe gießen.
e) Mit geräuchertem Paprika, Safranfäden, Salz und Pfeffer würzen.
f) Kochen, bis der Reis fast fertig ist. Decken Sie die Pfanne ab und lassen Sie es köcheln, bis der Reis vollständig gekocht ist.
g) Heiß servieren.

63. Paella mit Kalbfleisch und grünen Erbsen

ZUTATEN:
- 2 Tassen Calasparra-Reis
- 1 Pfund Rinderschmorfleisch, in Stücke geschnitten
- 1 Zwiebel, fein gehackt
- 3 Knoblauchzehen, gehackt
- 1 Tasse grüne Erbsen
- 1 gelbe Paprika, gewürfelt
- 4 Tassen Rindfleisch oder Rinderbrühe
- 1 Teelöffel Rosmarin
- Eine Prise Safranfäden
- Salz und Pfeffer nach Geschmack
- 1/4 Tasse Olivenöl

ANWEISUNGEN:

a) In einer Paella-Pfanne Olivenöl bei mittlerer Hitze erhitzen. Gehackte Zwiebeln und Knoblauch hinzufügen; anbraten, bis es weich ist.

b) Viele Stücke hinzufügen und braten, bis sie braun sind.

c) Calasparra-Reis einrühren, mit Öl bestreichen und mit dem Schleier vermischen.

d) Grüne Erbsen und gehackte gelbe Paprika hinzufügen. In Rindfleisch oder Rinderbrühe gießen.

e) Mit Rosmarin, Safranfäden, Salz und Pfeffer würzen.

f) Kochen, bis der Reis fast fertig ist. Decken Sie die Pfanne ab und lassen Sie es köcheln, bis der Reis vollständig gekocht ist.

g) Heiß servieren.

64. Paella mit Rindfleisch und Brokkoli

ZUTATEN:
- 2 Tassen Arborio-Reis
- 1 Pfund Rinderfilet, in dünne Scheiben geschnitten
- 1 Zwiebel, fein gehackt
- 3 Knoblauchzehen, gehackt
- 1 Tasse Brokkoliröschen
- 1 rote Paprika, gewürfelt
- 4 Tassen Rinderbrühe
- 1 Teelöffel Sojasauce
- Eine Prise Safranfäden
- Salz und Pfeffer nach Geschmack
- 1/4 Tasse Olivenöl

ANWEISUNGEN:

a) In einer Paella-Pfanne Olivenöl bei mittlerer Hitze erhitzen. Gehackte Zwiebeln und Knoblauch hinzufügen; anbraten, bis es weich ist.

b) Fügen Sie dünn geschnittenes Rinderfilet hinzu und kochen Sie es, bis es braun ist.

c) Arborio-Reis einrühren, mit Öl bestreichen und mit dem Rindfleisch vermischen.

d) Brokkoliröschen und gehackte rote Paprika hinzufügen. In die Rinderbrühe gießen.

e) Mit Sojasauce, Safranfäden, Salz und Pfeffer würzen.

f) Kochen, bis der Reis fast fertig ist. Decken Sie die Pfanne ab und lassen Sie es köcheln, bis der Reis vollständig gekocht ist.

g) Heiß servieren.

VEGETARISCHE PAELLA

65. Gegrillte vegetarische Paella

ZUTATEN:
FÜR DIE GEGRILLTE VEGETARISCHE PAELLA:
- Olivenöl (zum Kochen)
- 4 Tassen Basmatireis
- 5 große Schalotten, gehackt
- 1 Esslöffel gehackter Knoblauch
- 1 Esslöffel gehackter Ingwer (gehäuft)
- Salz, nach Geschmack
- Frisch gemahlener schwarzer Pfeffer nach Geschmack
- ½ Esslöffel Kurkuma
- 6 Tassen Gemüsebrühe
- 4 Tassen gemischtes gegrilltes Gemüse in ½-Zoll-Würfeln (Egge, Zucchini, Aubergine, rote Paprika, rote Zwiebel, Fenchel, gegrillt mit Olivenöl, Salz und Pfeffer)

Für den Basilikum-Tomaten-Krautsalat:
- 1 Bund Thai-Basilikum (ungefähr 2 Tassen gepflückte Blätter)
- 3 alte Tomaten, Julienne (wenn möglich verschiedene Sorten und Farben)
- 1 rote Zwiebel, in Scheiben geschnitten
- 1 Jalapeño, gehackt
- ¼ Tasse Balsamico-Essig
- 1 Esslöffel chinesischer schwarzer Essig
- ¼ Tasse natives Olivenöl extra
- Salz, nach Geschmack
- Frisch gemahlener schwarzer Pfeffer nach Geschmack

ANWEISUNGEN:
FÜR DIE GEGRILLTE VEGETARISCHE PAELLA:

a) In einer ofenfesten Pfanne etwas Olivenöl erhitzen und Basmatireis, gehackte Schalotten, Knoblauch und Ingwer 4 bis 6 Minuten anbraten.

b) Mit Salz und frisch gemahlenem schwarzem Pfeffer würzen. Kurkuma hinzufügen und weitere 2 Minuten rühren.

c) Mit der Gemüsebrühe aufgießen und das gemischte Grillgemüse dazugeben. Auf Gewürze prüfen.

d) Decken Sie die Pfanne ab und backen Sie sie im vorgeheizten Ofen bei 175 °C eine Stunde lang oder bis der Reis die Brühe vollständig aufgesogen hat.

e) Lockern Sie die Paella mit einer Gabel auf und prüfen Sie die Gewürze noch einmal.

Für den Basilikum-Tomaten-Krautsalat:

f) Kombinieren Sie in einer Schüssel die Thai-Basilikumblätter, Julienne-Heirloom-Tomaten, geschnittene rote Zwiebeln und gehackte Jalapeños.

g) In einer separaten Schüssel Balsamico-Essig, chinesischen schwarzen Essig und natives Olivenöl extra verrühren. Mit Salz und frisch gemahlenem schwarzem Pfeffer abschmecken.

h) Das Dressing über die Basilikum-Tomaten-Mischung gießen und vermengen. Überprüfen Sie den Geschmack und stellen Sie den Krautsalat bei Zimmertemperatur beiseite.

ZUM PLATTIEREN:

i) Die gegrillte vegetarische Paella in der Pfanne servieren und den Basilikum-Tomaten-Krautsalat darüber träufeln.

66. Paella mit geräuchertem Tofu

ZUTATEN:
- 1 Packung Cauldron Smoked Tofu, in 32 Dreiecke geschnitten
- 5 Esslöffel Olivenöl
- 18 Unzen gemischtes Gemüse, in 2 cm große Stücke geschnitten (Egge, Paprika, Baby-Mais, Brokkoli, Pilze)
- 5 Unzen Zwiebel, gehackt
- 5 Unzen Karotte, in 1 Zoll/2 cm große Stäbchen geschnitten
- 2 Teelöffel Knoblauch, zerdrückt
- ½ Milder grüner Chili, fein gehackt
- 1 Unze brauner Reis
- 1 Pint Weißwein
- 1 Pint Leichte Gemüsebrühe, doppelte Stärke
- 5 Unzen Tomaten, geschält und gehackt
- 3 Unzen entsteinte schwarze Oliven, in Scheiben geschnitten
- 2 Lorbeerblätter
- 2 Esslöffel gehackter frischer Estragon (oder 1 Teelöffel/5 ml getrocknet)
- 1 Esslöffel gehackter frischer Salbei
- 2 Esslöffel gehackte Petersilie
- Salz und schwarzer Pfeffer
- 1 Zitrone, in 8 Spalten geschnitten

ANWEISUNGEN:

a) In einer beschichteten Pfanne den Räuchertofu in Olivenöl bei mittlerer Hitze anbraten, bis er hellbraun ist. Den Tofu aus der Pfanne nehmen.

b) Erhöhen Sie die Hitze und geben Sie das gemischte Gemüse in dieselbe Pfanne. Kochen, bis sie leicht gebräunt sind. Das Gemüse aus der Pfanne nehmen.

c) Zwiebeln und Karotten in die gleiche Pfanne geben. Vorsichtig kochen, bis sie weich sind. Knoblauch, Chili und braunen Reis hinzufügen. 1 Minute kochen lassen.

d) Weißwein, Gemüsebrühe, gehackte Tomaten, Oliven und Lorbeerblätter hinzufügen. Zugedeckt köcheln lassen, bis der Reis gar ist (ca. 25 Minuten). Während der Garzeit bei Bedarf noch mehr Flüssigkeit hinzufügen.

E) Lorbeerblätter entfernen. Tofu, Gemüse und frische Kräuter hinzufügen. Mit Salz, schwarzem Pfeffer und Zitronensaft würzen. Mit Zitronenspalten garnieren.

67. Paella mit Pilzen und Gemüse

ZUTATEN:

- 2 Esslöffel Olivenöl
- 2 mittelgroße Karotten, in ¼-Zoll-Scheiben geschnitten
- 1 Sellerierippe, in ¼-Zoll-Scheiben geschnitten
- 1 mittelgroße gelbe Zwiebel, gehackt
- 1 mittelgroße rote Paprika, in ½-Zoll-Würfel geschnitten
- 3 Knoblauchzehen, gehackt
- 8 Unzen grüne Bohnen, geputzt und in 1-Zoll-Stücke geschnitten
- 1½ Tassen gekochte dunkelrote Kidneybohnen
- 14½-Unzen-Dose gewürfelte Tomaten, abgetropft
- 2½ Tassen Gemüsebrühe, selbstgemacht
- ½ Teelöffel getrockneter Majoran
- ½ Teelöffel zerstoßener roter Pfeffer
- ½ Teelöffel gemahlener Fenchelsamen
- ¼ Teelöffel Safran oder Kurkuma
- ¾ Tasse Langkornreis
- 2 Tassen Austernpilze, leicht abgespült und trocken getupft
- 14-Unzen-Dose Artischockenherzen, abgetropft und geviertelt

ANWEISUNGEN:

a) In einem großen Topf das Öl bei mittlerer Hitze erhitzen. Karotten, Sellerie, Zwiebel, Paprika und Knoblauch hinzufügen.

b) Abdecken und 10 Minuten kochen lassen.

c) Grüne Bohnen, Kidneybohnen, Tomaten, Brühe, Salz, Oregano, zerstoßene rote Paprika, Fenchelsamen, Safran und Reis hinzufügen. Abdecken und 30 Minuten köcheln lassen.

d) Pilze und Artischockenherzen unterrühren. Abschmecken, Gewürze anpassen und bei Bedarf mehr Salz hinzufügen.

e) Abdecken und weitere 15 Minuten köcheln lassen. Sofort servieren.

68. Mais-Paprika-Paella

ZUTATEN:
- 1 Esslöffel Pflanzenöl
- 1 Zwiebel, fein gehackt
- 2 Knoblauchzehen, gehackt
- 1 Tasse Rundkornreis
- ¼ Teelöffel Kurkuma
- 2 Tassen warme Gemüsebrühe
- ¼ Teelöffel Salz
- ¼ Teelöffel gemahlener schwarzer Pfeffer
- 1 süße rote Paprika
- 1 süße grüne Paprika
- 2 Pflaumentomaten
- 1 ½ Tassen frische Maiskörner
- Frische Petersilie, gehackt zum Garnieren

ANWEISUNGEN:

a) Erhitzen Sie das Pflanzenöl in einer großen beschichteten Pfanne oder einer Paella-Pfanne bei mittlerer Hitze. Gehackte Zwiebel, gehackten Knoblauch, Reis und Kurkuma hinzufügen. Etwa 4 Minuten anbraten, bis die Zwiebel weich ist.

b) Warme Gemüsebrühe, Salz und gemahlenen schwarzen Pfeffer hinzufügen. Die Mischung zum Kochen bringen, dann die Hitze reduzieren, abdecken und 10 Minuten köcheln lassen.

c) Während der Reis köchelt, bereiten Sie die Paprika vor, indem Sie sie der Länge nach halbieren und den Kern und die Membranen entfernen. Anschließend quer halbieren und der Länge nach in Streifen schneiden. Die Tomaten entkernen und in Stücke schneiden. Rühren Sie die vorbereiteten Paprikaschoten und Tomaten in die Pfanne, decken Sie sie ab und kochen Sie sie weitere 15 Minuten lang oder bis der Reis fast zart ist.

d) Die frischen Maiskörner in die Pfanne geben, abdecken und etwa 5 Minuten lang kochen lassen oder bis die Flüssigkeit verdampft ist.

e) Zum Servieren die Paella mit frisch gehackter Petersilie garnieren. Genießen Sie dieses Gericht mit einem knusprigen Brötchen und einem knackig marinierten Salat als Beilage.

69. Brokkoli, Zucchini und Spargel- Paella

ZUTATEN:
- 5 Tassen Gemüsebrühe
- ¼ Tasse Olivenöl
- 1 Tomate, gewürfelt
- 1 kleine Zwiebel, gewürfelt
- 2 Esslöffel gehackter Knoblauch
- Eine Prise Safranfäden
- 2 Tassen Arborio-Reis
- ½ Tasse Champignons, geviertelt
- ½ Tasse geschnittener Spargel
- ½ Tasse gewürfelte Zucchini
- ½ Tasse gewürfelter gelber Kürbis
- ½ Tasse gewürfelte rote Paprika
- ¼ Tasse Brokkoliröschen

ANWEISUNGEN:
a) Die Gemüsebrühe zum Kochen bringen, dann den Herd ausschalten.
b) In einem großen Topf das Olivenöl bei mittlerer Hitze erhitzen. Fügen Sie die gehackte Tomate, die Zwiebel und den gehackten Knoblauch hinzu. Anbraten, bis die Zwiebel durchscheinend wird. Dies sollte etwa 5 Minuten dauern.
c) Safranfäden unterrühren. Geben Sie den Arborio-Reis hinzu und rühren Sie um, bis er mit dem Öl bedeckt ist.
d) Den Reis mit heißer Gemüsebrühe übergießen, bis er bedeckt ist. Unter ständigem Rühren köcheln lassen, bis die Brühe aufgesogen ist. Wiederholen Sie diesen Vorgang, bis die Brühe aufgebraucht ist oder der Reis leicht al dente gekocht ist. Dies dauert normalerweise etwa 15 bis 20 Minuten.
e) Pilze, Spargel, Zucchini, gelben Kürbis, rote Paprika und Brokkoli unterrühren.
f) Schalten Sie den Herd aus und decken Sie die Pfanne ab, bis das Gemüse durchgewärmt ist.

70. Paella mit Artischocken und Kidneybohnen

ZUTATEN:

- 1 Esslöffel Oliven- oder Pflanzenöl
- 1 mittelgroße Zwiebel, fein gehackt (ca. ½ Tasse)
- 2 Knoblauchzehen, fein gehackt
- 1 Dose Gemüsebrühe
- 1 Tasse ungekochter normaler Langkornreis
- 1 Tasse gefrorene grüne Erbsen
- ½ Teelöffel gemahlener Kurkuma
- 2 Tropfen rote Pfeffersauce
- 1 Dose dunkelrote Kidneybohnen, abgespült und abgetropft
- 1 Glas (6 Unzen) marinierte Artischockenherzen, abgetropft

ANWEISUNGEN:

a) In einer 12-Zoll-Pfanne das Oliven- oder Pflanzenöl bei mittlerer bis hoher Hitze erhitzen. Die gehackten Zwiebeln und den fein gehackten Knoblauch unter häufigem Rühren etwa 3 bis 4 Minuten kochen, bis sie knusprig und zart sind.

b) Gemüsebrühe und Reis unterrühren. Bringen Sie die Mischung zum Kochen und reduzieren Sie dann die Hitze. Decken Sie die Pfanne ab und lassen Sie sie 15 Minuten lang köcheln.

c) Die restlichen Zutaten unterrühren, darunter die gefrorenen grünen Erbsen, gemahlene Kurkuma, rote Pfeffersauce, dunkelrote Kidneybohnen (gespült und abgetropft) und die abgetropften marinierten Artischockenherzen.

d) Ohne Deckel weitere 5 bis 10 Minuten unter gelegentlichem Rühren kochen, bis der Reis und die Erbsen weich sind.

71. Paella mit Pilzen und Artischocken

ZUTATEN:
- 2 Tassen Calasparra-Reis
- 1 Zwiebel, fein gehackt
- 3 Knoblauchzehen, gehackt
- 1 Tasse gemischte Pilze, in Scheiben geschnitten
- 1 Tasse Artischockenherzen, geviertelt
- 1 rote Paprika, gewürfelt
- 4 Tassen Gemüsebrühe
- 1 Teelöffel Thymian
- Eine Prise Safranfäden
- Salz und Pfeffer nach Geschmack
- 1/4 Tasse Olivenöl

ANWEISUNGEN:

a) In einer Paella-Pfanne Olivenöl bei mittlerer Hitze erhitzen. Gehackte Zwiebeln und Knoblauch hinzufügen; anbraten, bis es weich ist.

b) Calasparra-Reis unterrühren, mit Öl bestreichen und mit den Zwiebeln und dem Knoblauch vermischen.

c) In Scheiben geschnittene gemischte Pilze, geviertelte Artischockenherzen und gewürfelte rote Paprika hinzufügen.

d) Gemüsebrühe und Safranfäden angießen. Mit Thymian, Salz und Pfeffer würzen.

e) Kochen, bis der Reis fast fertig ist. Decken Sie die Pfanne ab und lassen Sie es köcheln, bis der Reis vollständig gekocht ist.

f) Heiß servieren.

72. Spinat-Kichererbsen-Paella

ZUTATEN:
- 2 Tassen Arborio-Reis
- 1 Zwiebel, fein gehackt
- 3 Knoblauchzehen, gehackt
- 2 Tassen Babyspinat
- 1 Dose Kichererbsen, abgetropft und abgespült
- 1 rote Paprika, in Scheiben geschnitten
- 4 Tassen Gemüsebrühe
- 1 Teelöffel geräuchertes Paprikapulver
- Eine Prise Safranfäden
- Salz und Pfeffer nach Geschmack
- 1/4 Tasse Olivenöl

ANWEISUNGEN:
a) In einer Paella-Pfanne Olivenöl bei mittlerer Hitze erhitzen. Gehackte Zwiebeln und Knoblauch hinzufügen; anbraten, bis es weich ist.
b) Arborio-Reis einrühren, mit Öl bestreichen und mit den Zwiebeln und dem Knoblauch vermischen.
c) Fügen Sie Babyspinat, Kichererbsen und geschnittene rote Paprika hinzu.
d) Gemüsebrühe und Safranfäden angießen. Mit geräuchertem Paprika, Salz und Pfeffer würzen.
e) Kochen, bis der Reis fast fertig ist. Decken Sie die Pfanne ab und lassen Sie es köcheln, bis der Reis vollständig gekocht ist.
f) Heiß servieren.

73. Spargel-Tomaten-Paella

ZUTATEN:
- 2 Tassen Bomba-Reis
- 1 Zwiebel, fein gehackt
- 3 Knoblauchzehen, gehackt
- 1 Bund Spargel, geputzt und in Stücke geschnitten
- 1 Tasse Kirschtomaten, halbiert
- 1 gelbe Paprika, in Scheiben geschnitten
- 4 Tassen Gemüsebrühe
- 1 Teelöffel Zitronenschale
- Eine Prise Safranfäden
- Salz und Pfeffer nach Geschmack
- 1/4 Tasse Olivenöl

ANWEISUNGEN:
a) In einer Paella-Pfanne Olivenöl bei mittlerer Hitze erhitzen. Gehackte Zwiebeln und Knoblauch hinzufügen; anbraten, bis es weich ist.
b) Bomba-Reis einrühren, mit Öl bestreichen und mit den Zwiebeln und dem Knoblauch vermischen.
c) Spargelstücke, halbierte Kirschtomaten und geschnittene gelbe Paprika hinzufügen.
d) Gemüsebrühe und Safranfäden angießen. Mit Zitronenschale, Salz und Pfeffer würzen.
e) Kochen, bis der Reis fast fertig ist. Decken Sie die Pfanne ab und lassen Sie es köcheln, bis der Reis vollständig gekocht ist.
f) Heiß servieren.

74. Auberginen-Oliven-Paella

ZUTATEN:
- 2 Tassen Calasparra-Reis
- 1 Zwiebel, fein gehackt
- 3 Knoblauchzehen, gehackt
- 1 Aubergine, gewürfelt
- 1 Tasse grüne Oliven, in Scheiben geschnitten
- 1 rote Paprika, gewürfelt
- 4 Tassen Gemüsebrühe
- 1 Teelöffel geräuchertes Paprikapulver
- Eine Prise Safranfäden
- Salz und Pfeffer nach Geschmack
- 1/4 Tasse Olivenöl

ANWEISUNGEN:

a) In einer Paella-Pfanne Olivenöl bei mittlerer Hitze erhitzen. Gehackte Zwiebeln und Knoblauch hinzufügen; anbraten, bis es weich ist.

b) Calasparra-Reis unterrühren, mit Öl bestreichen und mit den Zwiebeln und dem Knoblauch vermischen.

c) Fügen Sie gewürfelte Auberginen, geschnittene grüne Oliven und gewürfelte rote Paprika hinzu.

d) Gemüsebrühe und Safranfäden angießen. Mit geräuchertem Paprika, Salz und Pfeffer würzen.

e) Kochen, bis der Reis fast fertig ist. Decken Sie die Pfanne ab und lassen Sie es köcheln, bis der Reis vollständig gekocht ist.

f) Heiß servieren.

75. Brokkoli und sonnengetrocknete Tomaten-Paella

ZUTATEN:

- 2 Tassen Arborio-Reis
- 1 Zwiebel, fein gehackt
- 3 Knoblauchzehen, gehackt
- 1 Brokkolikopf, Röschen getrennt
- 1/2 Tasse sonnengetrocknete Tomaten, in Scheiben geschnitten
- 1 gelbe Paprika, gewürfelt
- 4 Tassen Gemüsebrühe
- 1 Teelöffel getrockneter Oregano
- Eine Prise Safranfäden
- Salz und Pfeffer nach Geschmack
- 1/4 Tasse Olivenöl

ANWEISUNGEN:

a) In einer Paella-Pfanne Olivenöl bei mittlerer Hitze erhitzen. Gehackte Zwiebeln und Knoblauch hinzufügen; anbraten, bis es weich ist.
b) Arborio-Reis einrühren, mit Öl bestreichen und mit den Zwiebeln und dem Knoblauch vermischen.
c) Brokkoliröschen, geschnittene sonnengetrocknete Tomaten und gewürfelte gelbe Paprika hinzufügen.
d) Gemüsebrühe und Safranfäden angießen. Mit getrocknetem Oregano, Salz und Pfeffer würzen.
e) Kochen, bis der Reis fast fertig ist. Decken Sie die Pfanne ab und lassen Sie es köcheln, bis der Reis vollständig gekocht ist.
f) Heiß servieren.

76. Lauch-Pilz-Paella

ZUTATEN:
- 2 Tassen Bomba-Reis
- 2 Laien, in Scheiben geschnitten
- 3 Knoblauchzehen, gehackt
- 1 Tasse gemischte Pilze, in Scheiben geschnitten
- 1 rote Paprika, gewürfelt
- 4 Tassen Gemüsebrühe
- 1 Teelöffel Thymian
- Eine Prise Safranfäden
- Salz und Pfeffer nach Geschmack
- 1/4 Tasse Olivenöl

ANWEISUNGEN:

a) In einer Paella-Pfanne Olivenöl bei mittlerer Hitze erhitzen. In Scheiben geschnittenen Lauch und Knoblauch hinzufügen; anbraten, bis es weich ist.

b) Bomba-Reis einrühren, mit Öl bestreichen und mit Lauch und Knoblauch vermischen.

c) In Scheiben geschnittene Champignons, gehackte rote Paprika und Gemüsebrühe hinzufügen.

d) Mit Thymian, Safranfäden, Salz und Pfeffer würzen.

e) Kochen, bis der Reis fast fertig ist. Decken Sie die Pfanne ab und lassen Sie es köcheln, bis der Reis vollständig gekocht ist.

f) Heiß servieren.

77. Butternusskürbis und Granatapfel-Paella

ZUTATEN:
- 2 Tassen Calasparra-Reis
- 1 Zwiebel, fein gehackt
- 3 Knoblauchzehen, gehackt
- 1 Butternusskürbis, gewürfelt
- Samen von 1 Granatapfel
- 1 orangefarbene Paprika, in Scheiben geschnitten
- 4 Tassen Gemüsebrühe
- 1 Teelöffel Zimt
- Eine Prise Safranfäden
- Salz und Pfeffer nach Geschmack
- 1/4 Tasse Olivenöl

ANWEISUNGEN:
a) In einer Paella-Pfanne Olivenöl bei mittlerer Hitze erhitzen. Gehackte Zwiebeln und Knoblauch hinzufügen; anbraten, bis es weich ist.
b) Calasparra-Reis unterrühren, mit Öl bestreichen und mit den Zwiebeln und dem Knoblauch vermischen.
c) Gewürfelten Butternusskürbis, Granatapfelkerne und geschnittene orangefarbene Paprika hinzufügen.
d) Gemüsebrühe und Safranfäden angießen. Mit Zimt, Salz und Pfeffer würzen.
e) Kochen, bis der Reis fast fertig ist. Decken Sie die Pfanne ab und lassen Sie es köcheln, bis der Reis vollständig gekocht ist.
f) Heiß servieren.

78. Paella mit Süßkartoffeln und schwarzen Bohnen

ZUTATEN:
- 2 Tassen Bomba-Reis
- 1 Zwiebel, fein gehackt
- 3 Knoblauchzehen, gehackt
- 2 Süßkartoffeln, gewürfelt
- 1 Dose schwarze Bohnen, abgetropft und abgespült
- 1 rote Paprika, in Scheiben geschnitten
- 4 Tassen Gemüsebrühe
- 1 Teelöffel gemahlener Kreuzkümmel
- Eine Prise Safranfäden
- Salz und Pfeffer nach Geschmack
- 1/4 Tasse Olivenöl

ANWEISUNGEN:

a) In einer Paella-Pfanne Olivenöl bei mittlerer Hitze erhitzen. Gehackte Zwiebeln und Knoblauch hinzufügen; anbraten, bis es weich ist.

b) Bomba-Reis einrühren, mit Öl bestreichen und mit den Zwiebeln und dem Knoblauch vermischen.

c) Fügen Sie gewürfelte Süßkartoffeln, schwarze Bohnen und geschnittene rote Paprika hinzu.

d) Gemüsebrühe und Safranfäden angießen. Mit gemahlenem Kreuzkümmel, Salz und Pfeffer würzen.

e) Kochen, bis der Reis fast fertig ist. Decken Sie die Pfanne ab und lassen Sie es köcheln, bis der Reis vollständig gekocht ist.

f) Heiß servieren.

REGIONALE VARIATIONEN

79. New Orleans Paella

ZUTATEN:

- 1 ganzes Huhn (ca. 3 Pfund), in 12 Stücke geschnitten
- 2 Teelöffel Salz
- 2 Teelöffel frisch gemahlener schwarzer Pfeffer
- ½ Tasse Olivenöl
- 2 Tassen gehackte Zwiebeln
- 1 Tasse gehackte grüne Paprika
- 1 Tasse gehackter Sellerie
- 6 Esslöffel gehackter Knoblauch
- 3 Esslöffel gehackte Schalotten
- 1 ½ Tassen gehackte Andouillewurst (ca. 12 Unzen)
- 3 Tassen ungekochter weißer Langkornreis
- 1 ½ Tassen geschälte, entkernte und gehackte italienische Tomaten
- 1 Esslöffel scharfe Pfeffersauce
- 9 Lorbeerblätter
- 3 Esslöffel Emeril's Essence (siehe Hinweis unten)
- ½ Teelöffel Safranfäden
- 6 Tassen Hühnerbrühe
- 36 kleine Halsmuscheln, geschrubbt
- 36 Muscheln, geschrubbt und entbartet
- 18 mittelgroße Garnelen (ca. ¾ Pfund) in ihrer Schale
- ¼ Tasse gehackte Petersilie

FÜR PARMESAN-KRÄUTER-CROUTONS:

- 4 Scheiben altbackenes Weißbrot (8 x 8 x 1)
- 1 Tasse zubereitete Mayonnaise
- 1 Tasse geriebener Parmesankäse
- Gehackte frische Kräuter
- Salz, nach Geschmack
- Frisch gemahlener schwarzer Pfeffer nach Geschmack

ANWEISUNGEN:

a) Die Hähnchenteile gleichmäßig mit Salz und Pfeffer bestreuen. Das Olivenöl in einem großen Suppentopf bei starker Hitze erhitzen. Das Hähnchen dazugeben und von allen Seiten etwa 4 Minuten anbraten.

b) Zwiebeln, Paprika, Sellerie, Knoblauch, Schalotten, Wurst und Reis hinzufügen. 2 Minuten lang unter Rühren braten.

c) Tomaten, scharfe Pfeffersauce, Lorbeerblätter, Emeril's Essence und Safran unterrühren. 1 Minute köcheln lassen.

d) Die Hühnerbrühe hinzufügen, gut umrühren und zum Kochen bringen. Die Hitze reduzieren, abdecken und 5 Minuten köcheln lassen.

e) Die Muscheln hinzufügen und 5 Minuten kochen lassen. Dann die Muscheln und Garnelen hinzufügen, abdecken und 3 Minuten kochen lassen. Stellen Sie sicher, dass sich alle Muschel- und Muschelschalen geöffnet haben. Entsorgen Sie alles, was geschlossen bleibt.

f) Für die Parmesan-Kräuter-Croutons: Den Ofen auf 400 Grad vorheizen. Schneiden Sie das Brot der Länge nach in zwei Hälften, sodass 8 große Dreiecke entstehen. Mayonnaise, Parmesan, Kräuter, Salz und Pfeffer vermischen. Die Mischung auf den Croutons verteilen und im Ofen etwa 3 bis 4 Minuten goldbraun backen.

g) Die Paella mit frischer Petersilie garnieren und vor dem Servieren die Croutons darauf legen.

80. Westindische Paella

ZUTATEN:
- 2½ Pfund Hähnchen, in 12 Stücke geschnitten (Brüste in 4 Stücke schneiden)
- ⅓ Tasse spanisches Olivenöl
- 1 mittelgroße Zwiebel, in Scheiben geschnitten
- 2 Knoblauchzehen, zerdrückt
- 1 grüne Paprika, in 2,5 cm große Stücke geschnitten
- ½ Teelöffel Salz
- 1 Tasse ungekochter Langkornreis
- 1 Tasse gedünstete Tomaten (oder aus der Dose), in Stücke schneiden
- ¼ Pfund Chorizo oder Wurst mit Knoblauchgeschmack
- 1 Packung rohe Garnelen, geschält und gereinigt (optional)
- 1 Tasse Hühnerbrühe
- 1 Tasse spanischer Sherry
- ¼ Teelöffel spanischer Safran (optional)
- 1 Packung gefrorene grüne Erbsen oder gefrorene Artischockenherzen (10 Unzen)
- 1 Schachtel Muscheln (optional)

ANWEISUNGEN:

a) Die Hähnchenteile waschen und trocknen. In einer großen Pfanne in erhitztem Olivenöl anbraten, bis sie von allen Seiten goldbraun sind. Nehmen Sie das Hähnchen mit einer Zange aus der Pfanne und legen Sie es beiseite.

b) In die Bratenfette der Pfanne die in Scheiben geschnittene Zwiebel, den zerdrückten Knoblauch, den grünen Pfeffer und das Salz geben. Anbraten, bis sie leicht gebräunt sind. Safran und Salz hinzufügen und kochen, bis das Gemüse weich ist.

c) Den Reis dazugeben und umrühren, bis er gleichmäßig mit dem Öl bedeckt ist. Geben Sie das Huhn wieder in die Pfanne.

d) Tomatenstücke, Chorizo, Hühnerbrühe, Sherry und Garnelen (falls verwendet) hinzufügen. Bringen Sie die Mischung zum Kochen, reduzieren Sie dann die Hitze und lassen Sie sie zugedeckt unter gelegentlichem Rühren etwa 20 Minuten lang köcheln, bis die Hälfte der Flüssigkeit aufgesogen ist.

e) Die gefrorenen Erbsen oder Artischocken hinzufügen und etwa 15 Minuten weiter köcheln lassen, oder bis alle Zutaten weich sind und der größte Teil der Flüssigkeit aufgesogen ist. Wenn Sie Muscheln verwenden, können Sie diese in etwas Wasser dämpfen, bis sich die Schalen öffnen, und sie als Beilage verwenden.

81. Westafrikanische Jollof-Reis -Paella

ZUTATEN:
- Huhn (1 ganzes Huhn oder nach Wunsch)
- 6 mittelgroße Zwiebeln, gehackt
- 6 grüne Paprika, gehackt
- Garnelen (gewünschte Menge)
- ¾ Tasse gehackte Karotten
- ¾ Tasse grüne Bohnen, in Stücke gebrochen
- ¾ Tasse Erbsen
- 6 Tomaten, gehackt
- 1 Teelöffel Salz
- ½ Teelöffel frisch gemahlener Pfeffer
- 1 Teelöffel zerstoßener Thymian oder 1 Teelöffel getrockneter Thymian
- 4 Tassen Reis (oder nach Wunsch)
- ¼ Tasse Tomatenmark (oder mehr)
- Öl zum braten
- 1 ½ Teelöffel Cayennepfeffer

ANWEISUNGEN:

a) Das Hähnchen häuten, entbeinen und in 2,5 cm große quadratische Stücke schneiden. In einem schweren Topf oder einer großen gusseisernen Pfanne das Hähnchen in Öl anbraten.

b) Die gehackten Zwiebeln und Paprika in den Topf geben. Bei mittlerer Hitze 5 bis 10 Minuten kochen lassen.

c) In einer separaten Pfanne die Garnelen in etwas Öl anbraten. Kochen Sie die Karotten, Bohnen und Erbsen (oder jedes andere Gemüse Ihrer Wahl) vor, bis sie etwa zur Hälfte gar sind, was etwa 5 Minuten dauern sollte. Das vorgekochte Gemüse abtropfen lassen.

d) Geben Sie das vorgekochte Gemüse zusammen mit den Garnelen, den gehackten Tomaten, Salz, Pfeffer und Thymian in den Hühnertopf. Die Hitze auf niedrige Stufe reduzieren und 5 Minuten köcheln lassen.

e) Mischen Sie den Reis mit der Tomatenmark und achten Sie darauf, dass die Paste die Reiskörner bedeckt, ohne sie zu ertränken. Der Reis sollte einen orangefarbenen Farbton haben; Zu viel Tomatenmark macht es rot. Den panierten Reis in den Topf rühren und weiter köcheln lassen. Fügen Sie nach Bedarf sparsam Wasser hinzu, um ein Anbrennen zu vermeiden.

f) Weiter köcheln lassen, bis Fleisch, Reis und Gemüse zart sind. Ihr Jollof-Reis ist servierfertig.

82. Paella alla Valenciana

ZUTATEN:

- 8 Tassen Hühnerbrühe
- ½ Teelöffel Safran
- ½ Tasse natives Olivenöl extra
- 1 Kaninchen, in 8 Stücke geschnitten
- 8 Hähnchenschenkel
- 1 Pfund Chorizo, in 8 Stücke geschnitten
- 1 spanische Zwiebel, in ½-Zoll-Stücke gewürfelt
- 1 rote Paprika, in ½-Zoll-Stücke gewürfelt
- 1 grüne Paprika, in ½-Zoll-Stücke gewürfelt
- 10 Knoblauchzehen, in dünne Scheiben geschnitten
- 4 Tomaten, in ½-Zoll-Würfel gewürfelt, Saft und Kerne aufgehoben
- 3 Esslöffel spanischer Paprika
- ½ Tasse Erbsen, geschält
- ½ Tasse Romano-Wachsbohnen, in 2,5 cm lange Stücke geschnitten
- 2 geröstete Pimente, in ½-Zoll-Streifen geschnitten
- 3 Tassen kurzkörniger spanischer oder italienischer Arborio-Reis
- 24 grüne valencianische Oliven

ANWEISUNGEN:

a) Die Hühnerbrühe mit Safran zum Kochen bringen und warm halten.

b) Stellen Sie eine 18- bis 22-Zoll-Paellapfanne auf ein offenes Feuer oder Weinrebenschnitte, einen heißen Grill oder zwei Brenner auf einem Herd.

c) Geben Sie eine halbe Tasse Öl in die Pfanne und erhitzen Sie es. Die Kaninchenstücke und das Hähnchen würzen, in die Pfanne geben, gut anbraten und dann herausnehmen.

d) Chorizo, Zwiebeln, grüne und rote Paprika, Knoblauch, Tomaten, Paprika, Erbsen, Bohnen und Piment hinzufügen. Bei mittlerer Hitze 4 bis 5 Minuten rühren.

e) Den Reis hinzufügen und 3 bis 4 Minuten lang umrühren.

f) Gießen Sie die gesamte Hühnerbrühe hinein und geben Sie die Kaninchen- und Hühnerstücke sowie die Oliven in die Pfanne. Ohne Rühren kochen, bis der Reis gar ist und die Flüssigkeit aufgesogen ist, was etwa 20 Minuten dauert.

83. Paella nach mexikanischer Art

ZUTATEN:
- 1 ganzes Hähnchen, zerteilt
- 2 Knoblauchzehen
- ¼ Tasse Öl
- 1 Pfund rohe Garnelen
- 4 große Tomaten, in Scheiben geschnitten
- 1 Pfund Erbsen
- 12 Artischockenherzen
- 1 ½ Tassen brauner Reis
- 6 Fäden Safran
- 1 Tasse gewürfelte Zwiebel
- 1 grüne Paprika, gewürfelt
- 1 rote Paprika, gewürfelt
- 1 Teelöffel Paprika
- 1 Tasse Weißwein
- 2 Tassen Wasser

ANWEISUNGEN:
a) Hähnchen und Knoblauch im Öl anbraten. Sobald die Hähnchenteile gebräunt sind, legen Sie sie in eine große Auflaufform.
b) Garnelen, Tomatenscheiben, Erbsen und Artischockenherzen in die Auflaufform geben.
c) In demselben Öl, das zum Anbraten des Hähnchens verwendet wurde, den braunen Reis, den Safran, die gewürfelten Zwiebeln sowie die gewürfelten grünen und roten Paprikaschoten etwa 7 Minuten lang anbraten.
d) Den sautierten Reis und das Gemüse in die Auflaufform geben. Paprika über die Zutaten streuen.
e) Mit Weißwein und Wasser aufgießen.
f) Backen Sie die Auflaufform ohne Deckel bei 350 Grad Fahrenheit etwa 1 Stunde lang oder bis der Reis vollständig gekocht ist.

84. Spanische Küstenpaella

ZUTATEN:

- 1 Packung spanische Reismischung (6,8 Unzen)
- 1 Dose Tomaten (14½ Unzen)
- 2 Esslöffel Olivenöl
- 4 Tassen gelbe Zwiebeln, in Spalten geschnitten
- 1 grüne Paprika, in Scheiben geschnitten
- 6 Unzen Garnelen, geschält und gekocht
- 8 Knoblauchzehen, gehackt
- 2 Tassen Erbsen, gefroren
- 2 Esslöffel Zitronensaft
- 1 Tomate, in Spalten geschnitten
- 16 Muscheln, in der Schale
- 16 Muscheln, in der Schale

ANWEISUNGEN:

a) Bereiten Sie in einem großen Topf die Reismischung mit Tomaten gemäß den Anweisungen auf der Packung zu, verzichten Sie jedoch auf die Verwendung von Butter und verwenden Sie stattdessen 1 Esslöffel Olivenöl, um die Reismischung anzubraten.

b) In einer separaten Pfanne die Zwiebel und die grüne Paprika im restlichen 1 Esslöffel Olivenöl anbraten, bis sie weich sind.

c) Die gekochten Garnelen und den gehackten Knoblauch in die Pfanne geben. Bei mittlerer Hitze ca. 3 Minuten länger anbraten.

d) Die gefrorenen Erbsen und den Zitronensaft in die Reismischung einarbeiten. So lange kochen, bis die Erbsen durchgewärmt sind.

e) Servieren Sie den Reis mit Tomatenspalten und den optionalen Schalentieren.

f) Um die Schalentiere zuzubereiten, vermengen Sie die Muscheln mit einer halben Tasse Wasser. Abdecken und zum Kochen bringen. 5 Minuten kochen lassen oder bis sich die Schalen öffnen.

g) Entsorgen Sie alle Schalentiere, die sich nicht öffnen lassen.

85. Pazifische Paella

ZUTATEN:

- 4 Hähnchenbrusthälften ohne Knochen und ohne Haut
- 1 Teelöffel Paprika
- 1 Teelöffel Salz
- ¼ Teelöffel schwarzer Pfeffer
- ¾ Pfund milde italienische Wurst
- 16 Unzen Dosentomaten, abgetropft und grob gehackt (oder 20 sonnengetrocknete Tomaten, in Öl eingelegt, abgetropft und gehackt)
- 2 Dosen Hühnerbrühe
- ½ Teelöffel Kurkuma
- ¼ Teelöffel Safran
- 2 Tassen Reis
- 1 große Zwiebel, in Spalten geschnitten
- 2 Knoblauchzehen, gehackt
- 1 Pfund mittelgroße Garnelen, geschält, entdarmt und gekocht
- 1 grüne Paprika, in Streifen geschnitten
- 10 Muscheln, gereinigt und gedämpft

ANWEISUNGEN:

a) Schneiden Sie die Hähnchenbrüste in ½-Zoll-Streifen. Paprika, Salz und schwarzen Pfeffer in einer kleinen Schüssel vermischen. Fügen Sie das Huhn hinzu und rühren Sie um, bis alle Gewürze in das Fleisch eingearbeitet sind.

b) Schneiden Sie die Wurst in ¼-Zoll-Stücke und entfernen Sie die Hülle.

c) Wenn Sie sonnengetrocknete Tomaten verwenden, tupfen Sie die Tomaten mit einem Papiertuch vollständig trocken. Fügen Sie der Hühnerbrühe so viel Wasser hinzu, dass 3 ¾ Tassen entstehen. Bringen Sie diese Mischung in einer 12-Zoll-Pfanne zum Kochen.

d) Kurkuma, Safran, Reis, Zwiebeln, Knoblauch, Hühnchen, Wurst und Tomaten unterrühren.

e) Decken Sie die Pfanne ab und lassen Sie sie 20 Minuten köcheln.

f) Nehmen Sie die Pfanne vom Herd und rühren Sie die gekochten Garnelen und die grüne Paprika unter. Nach Belieben mit Muscheln belegen.

g) Lassen Sie die Paella abgedeckt etwa 5 Minuten stehen, bis die gesamte Flüssigkeit aufgesogen ist.

86. katalanisch Paella

ZUTATEN:

- 1 Tasse Langkornreis
- ¼ Tasse Olivenöl
- 4 Hähnchenstücke
- 1 Zwiebel, in Scheiben geschnitten
- 10 Milliliter Knoblauch, gehackt
- ¼ Pfund gekochter Schinken, in Streifen geschnitten
- ½ Pfund fester Weißfisch, in große Würfel geschnitten
- 12 große ungekochte Garnelen
- 1 rote Paprika, entkernt, entkernt und gehackt
- 2 Pimientos aus der Dose, abgetropft und gehackt
- 12 große Muscheln
- 1 Tasse gekochte grüne Erbsen
- 1 kleine Packung gefrorene Erbsen, aufgetaut
- Eine Prise Safran, 30 Minuten in 2 Esslöffel heißem Wasser eingeweicht
- 2 ½ Tassen Hühnerbrühe
- Salz und Pfeffer nach Geschmack

ANWEISUNGEN:

Das Olivenöl in einer Paella-Pfanne oder einer großen Pfanne erhitzen. Fügen Sie das Huhn hinzu und braten Sie es vorsichtig an, bis es braun ist. Nehmen Sie die Hähnchenteile heraus und legen Sie sie beiseite.
Die in Scheiben geschnittene Zwiebel und den gehackten Knoblauch in die Pfanne geben und anbraten, bis die Zwiebel durchsichtig wird. Dann den Schinken und den Reis hinzufügen und unter Rühren weiterbraten, bis auch der Reis transparent wird. Vom Herd nehmen.
Garnelen schälen und entdarmen. Schrubben Sie die Muscheln unter fließendem Wasser und entfernen Sie alle offenen Muscheln.
Die rote Paprika 1 Minute in kochendem Wasser blanchieren.
Wenn die Hähnchenstücke groß sind, halbieren Sie sie. Den Fisch, die rote Paprika, das Huhn und die Erbsen auf dem Reis in der Pfanne anrichten. Legen Sie die Muscheln in die Pfanne und legen Sie die Garnelen darauf. Geben Sie die mit Safran angereicherte Flüssigkeit in die Hühnerbrühe und gießen Sie die Brühe über alle Zutaten. Mit Salz und Pfeffer würzen.
Bringen Sie die Mischung zum Kochen, reduzieren Sie dann die Hitze und lassen Sie sie ohne Deckel etwa 20 Minuten lang sanft köcheln, bis die Flüssigkeit aufgesogen ist und alle Zutaten gar sind.

87. Paella nach portugiesischer Art

ZUTATEN:

- 2 Hühner (je 2 Pfund), in je 8 Stücke geschnitten
- ½ Tasse Olivenöl
- 1 Pfund mageres Schweinefleisch, in 1-Zoll-Stücke geschnitten
- 2 Tassen gehackte Zwiebeln
- 2 Knoblauchzehen, zerdrückt
- ¼ Teelöffel schwarzer Pfeffer
- 1 Teelöffel Oregano
- 2 Teelöffel Salz
- 2 Tassen Langkornreis
- ½ Teelöffel Safran
- 1 Pfund italienische Wurst
- 2 mittelgroße Tomaten, gehackt
- 1 Lorbeerblatt
- 3 Dosen (je 10 ¾ Unzen) kondensierte Hühnerbrühe
- 1 ½ Pfund große Garnelen, geschält und entdarmt
- 1 Packung (10 Unzen) gefrorene Erbsen
- ½ Glas (4 Unzen) Piment
- 2 Zitronen, in 8 Spalten geschnitten

ANWEISUNGEN:

a) Wischen Sie die Hähnchenteile mit einem feuchten Papiertuch ab. Erhitzen Sie das Olivenöl in einer großen Pfanne und braten Sie die Hähnchenstücke jeweils in etwa 5 Stück an, bis sie goldbraun sind. Nehmen Sie das gebräunte Hähnchen heraus und legen Sie es beiseite.

b) Die Schweinefleischwürfel in die Pfanne geben und von allen Seiten gut anbraten. Entfernen Sie sie und legen Sie sie beiseite.

c) Die gehackten Zwiebeln, den zerdrückten Knoblauch, den schwarzen Pfeffer und den Oregano zu den Bratenfetten in der Pfanne hinzufügen. Etwa 5 Minuten anbraten, bis die Zwiebeln goldbraun werden.

d) Salz, Reis und Safran in die Pfanne geben. Unter Rühren etwa 10 Minuten kochen lassen.

e) In der Zwischenzeit die Würstchen in einer anderen Pfanne von allen Seiten anbraten, was etwa 10 Minuten dauern sollte. Die Würstchen abtropfen lassen und das Fett wegwerfen. Die Würstchen in mundgerechte Stücke schneiden.

f) Legen Sie das gebräunte Hähnchen, die Wurst und das Schweinefleisch in einen Bräter.

g) Heizen Sie Ihren Backofen auf 375 Grad vor.

h) Die gehackten Tomaten, das Lorbeerblatt und die kondensierte Hühnerbrühe zur Reismischung in der Pfanne geben und zum Kochen bringen. Fügen Sie die Garnelen hinzu.

i) Die Reismischung gleichmäßig über das Huhn, das Schweinefleisch und die Würstchen im Bräter verteilen. Leicht mit Folie bedeckt 1 Stunde backen.

j) Nach einer Stunde die gefrorenen Erbsen ohne Rühren über die Paella streuen. Wenn die Mischung zu trocken erscheint, können Sie eine halbe Tasse Wasser hinzufügen. Weitere 20 Minuten backen.

k) Zum Servieren die Paella auf eine runde, erhitzte Platte oder Paella-Pfanne stürzen. Mit Piment und Zitronenschnitzen garnieren.

88. Südwest-Paella

ZUTATEN:
- 2 Hühner, in Portionsstücke geschnitten
- 2 Teelöffel Salz
- 1 Teelöffel Paprika
- 1 Tasse Mehl
- 1 Tasse Öl
- ½ Tasse Wasser
- 1 Pfund Schinken, in mundgerechte Stücke geschnitten
- 1 mittelgroße Zwiebel, gehackt
- 1 Tasse Paprika, gehackt
- 2 mittelgroße Tomaten, in Spalten geschnitten
- 4 Esslöffel Pflanzenöl
- 3 Tassen Reis, vorzugsweise italienischer
- 2 Dosen (16 Unzen) Erbsen, abgetropft (Saft aufheben)
- Hühnerbrühe
- ½ Teelöffel Safran
- 2 Teelöffel scharfe Pfeffersauce
- Salz
- 1 Pfund gekochte Garnelen, Venusmuscheln, Muscheln oder Jakobsmuscheln
- 2 Unzen im Glas geschnittener Pimiento

ANWEISUNGEN:

a) Schütteln Sie das Huhn früh am Tag in einem Beutel mit einer Mischung aus Salz, Paprika und Mehl.
b) Das bemehlte Hähnchen in zwei Pfannen mit jeweils ¼ Tasse Öl gut anbraten. Geben Sie ¼ Tasse Wasser in jede Pfanne und kochen Sie das Huhn 30 Minuten lang.
c) Das Hähnchen herausnehmen und den Schinken im restlichen Öl anbraten. Leg es zur Seite.
d) Später am Tag in einer sauberen Pfanne die Zwiebeln, Paprika und Tomaten in 4 Esslöffeln Öl anbraten, bis die Zwiebeln gelb sind.
e) Entfernen Sie die Zwiebelmischung und braten Sie den Reis im restlichen Öl an, bei Bedarf noch mehr Öl hinzufügen.
f) Wenn der Reis gebräunt ist, fügen Sie die Zwiebelmischung, die Flüssigkeit aus den Erbsen sowie Hühnerbrühe oder Wasser hinzu, um 6 Tassen zu erhalten. Safran, scharfe Pfeffersauce und Salz hinzufügen.
g) Kochen Sie den Reis, bis er gerade noch gar ist.
h) Geben Sie den Reis in einen großen flachen Behälter und legen Sie das Hähnchen und den Schinken darauf.
i) Abdecken und etwa 30 Minuten im auf 180 °C vorgeheizten Ofen garen, dabei auf den Reis achten.
j) Erbsen, Meeresfrüchte und Pimiento aufdecken und über den Reis streuen. Gut erhitzen und servieren.

89. Aragonien Berg-Paella

ZUTATEN:

- 2 Tassen Bomba-Reis
- 1/2 Pfund Lammfleisch, in Stücke geschnitten
- 1/2 Pfund Kaninchen, in Stücke geschnitten
- 1/2 Pfund Schweinswurst, in Scheiben geschnitten
- 1 Zwiebel, fein gehackt
- 1 rote Paprika, in Scheiben geschnitten
- 1 Tomate, gerieben
- 1/2 Tasse grüne Bohnen, geputzt und halbiert
- 1 Teelöffel geräuchertes Paprikapulver
- 1/2 Teelöffel Safranfäden
- 4 Tassen Hühner- oder Gemüsebrühe
- Salz und Pfeffer nach Geschmack
- 1/4 Tasse Olivenöl

ANWEISUNGEN:

a) In einer Paella-Pfanne Olivenöl bei mittlerer Hitze erhitzen. Gehackte Zwiebeln hinzufügen und kochen, bis sie weich sind.
b) Lamm-, Kaninchen- und Schweinswurst hinzufügen; von allen Seiten braun.
c) Geriebene Tomaten dazugeben und kochen, bis ein Sofrito entsteht.
d) Bomba-Reis unterrühren und mit Sofrito bestreichen.
e) Rote Paprika und grüne Bohnen hinzufügen.
f) Den Reis mit geräuchertem Paprika und Safranfäden bestreuen.
g) Mit Hühner- oder Gemüsebrühe aufgießen und mit Salz und Pfeffer würzen.
h) Kochen, bis der Reis fast fertig ist. Decken Sie die Pfanne ab und lassen Sie es köcheln, bis der Reis vollständig gekocht ist.
i) Lassen Sie die Paella vor dem Servieren einige Minuten ruhen.

90. Baskische Meeresfrüchte-Paella (Marmitako)

ZUTATEN:

- 2 Tassen Bomba-Reis
- 1 Pfund Thunfisch, in Stücke geschnitten
- 1 Zwiebel, fein gehackt
- 2 Knoblauchzehen, gehackt
- 1 rote Paprika, in Scheiben geschnitten
- 1 grüne Paprika, in Scheiben geschnitten
- 4 Tassen Fisch- oder Meeresfrüchtebrühe
- 1/2 Tasse trockener Weißwein
- 1/2 Teelöffel Espelette-Pfeffer oder Paprika
- 1 Lorbeerblatt
- Salz und Pfeffer nach Geschmack
- 1/4 Tasse Olivenöl

ANWEISUNGEN:

a) In einer Paella-Pfanne Olivenöl bei mittlerer Hitze erhitzen. Gehackte Zwiebeln und Knoblauch hinzufügen; anbraten, bis es weich ist.
b) Thunfischstücke dazugeben und anbraten, bis sie von allen Seiten braun sind.
c) Bomba-Reis einrühren, mit Öl bestreichen und mit Zwiebeln, Knoblauch und Thunfisch vermischen.
d) In Scheiben geschnittene rote und grüne Paprika hinzufügen.
e) Mit Fisch- oder Meeresfrüchtebrühe und Weißwein aufgießen. Mit Espelette-Pfeffer oder Paprika, Lorbeerblatt, Salz und Pfeffer würzen.
f) Kochen, bis der Reis fast fertig ist. Decken Sie die Pfanne ab und lassen Sie es köcheln, bis der Reis vollständig gekocht ist.
g) Lassen Sie die Paella vor dem Servieren einige Minuten ruhen.

91. Arroz a Banda – aus Alicante

ZUTATEN:

- 2 Tassen Bomba-Reis
- 1 Pfund kleiner Tintenfisch oder Tintenfisch, gereinigt und in Scheiben geschnitten
- 1 Zwiebel, fein gehackt
- 2 Knoblauchzehen, gehackt
- 1/2 Tasse gehackte Tomaten
- 1/2 Tasse trockener Weißwein
- 4 Tassen Fisch- oder Meeresfrüchtebrühe
- 1 Teelöffel süßer Paprika
- Eine Prise Safranfäden
- Salz und Pfeffer nach Geschmack
- 1/4 Tasse Olivenöl

ANWEISUNGEN:

a) In einer Paella-Pfanne Olivenöl bei mittlerer Hitze erhitzen. Gehackte Zwiebeln und Knoblauch hinzufügen; anbraten, bis es weich ist.
b) In Scheiben geschnittenen Tintenfisch oder Tintenfisch hinzufügen und kochen, bis er anfängt, sich zu verfärben.
c) Bomba-Reis einrühren, mit Öl bestreichen und mit Zwiebeln, Knoblauch und Meeresfrüchten vermischen.
d) Gehackte Tomaten hinzufügen und kochen, bis eine Sofrito entsteht.
e) Mit Weißwein aufgießen und reduzieren lassen.
f) Fisch- oder Meeresfrüchtebrühe, süßes Paprikapulver, Safranfäden, Salz und Pfeffer hinzufügen.
g) Kochen, bis der Reis fast fertig ist. Decken Sie die Pfanne ab und lassen Sie es köcheln, bis der Reis vollständig gekocht ist.
h) Lassen Sie die Paella vor dem Servieren einige Minuten ruhen.

92. Sephardische Meeresfrüchte-Paella (Arroz de Pesaj)

ZUTATEN:

- 2 Tassen Bomba-Reis
- 1/2 Pfund Heilbutt oder Kabeljau, in Stücke geschnitten
- 1/2 Pfund Garnelen, geschält und entdarmt
- 1/2 Pfund Calamari, gereinigt und in Scheiben geschnitten
- 1 Zwiebel, fein gehackt
- 2 Tomaten, gerieben
- 4 Tassen Fisch- oder Meeresfrüchtebrühe
- 1/2 Tasse trockener Weißwein
- 1/2 Teelöffel gemahlener Kreuzkümmel
- Eine Prise Safranfäden
- Salz und Pfeffer nach Geschmack
- 1/4 Tasse Olivenöl

ANWEISUNGEN:

a) In einer Paella-Pfanne Olivenöl bei mittlerer Hitze erhitzen. Gehackte Zwiebeln hinzufügen und kochen, bis sie weich sind.
b) Fügen Sie Heilbutt- oder Kabeljaustücke, Garnelen und geschnittene Calamari hinzu; kochen, bis die Meeresfrüchte anfangen zu färben.
c) Bomba-Reis einrühren, mit Öl bestreichen und mit den Zwiebeln und Meeresfrüchten vermischen.
d) Geriebene Tomaten hinzufügen und kochen, bis eine Sofrito entsteht.
e) Mit Weißwein aufgießen und reduzieren lassen.
f) Fisch- oder Meeresfrüchtebrühe, gemahlenen Kreuzkümmel, Safranfäden, Salz und Pfeffer hinzufügen.
g) Kochen, bis der Reis fast fertig ist. Decken Sie die Pfanne ab und lassen Sie es köcheln, bis der Reis vollständig gekocht ist.
h) Lassen Sie die Paella vor dem Servieren einige Minuten ruhen.

FRUCHTIGE PAELLA

93. Mango-Cashew-Paella

ZUTATEN:
- 2 Tassen Bomba-Reis
- 1 Zwiebel, fein gehackt
- 3 Knoblauchzehen, gehackt
- 1 reife Mango, gewürfelt
- 1 Tasse Cashews
- 1 rote Paprika, in Scheiben geschnitten
- 4 Tassen Gemüsebrühe
- 1 Teelöffel Currypulver
- Eine Prise Safranfäden
- Salz und Pfeffer nach Geschmack
- 1/4 Tasse Olivenöl

ANWEISUNGEN:

a) In einer Paella-Pfanne Olivenöl bei mittlerer Hitze erhitzen. Gehackte Zwiebeln und Knoblauch hinzufügen; anbraten, bis es weich ist.

b) Bomba-Reis einrühren, mit Öl bestreichen und mit den Zwiebeln und dem Knoblauch vermischen.

c) Gewürfelte Mango, Cashewnüsse und geschnittene rote Paprika hinzufügen.

d) Gemüsebrühe und Safranfäden angießen. Mit Currypulver, Salz und Pfeffer würzen.

e) Kochen, bis der Reis fast fertig ist. Decken Sie die Pfanne ab und lassen Sie es köcheln, bis der Reis vollständig gekocht ist.

f) Heiß servieren.

94. Ananas-Kokos-Paella

ZUTATEN:
- 2 Tassen Calasparra-Reis
- 1 Zwiebel, fein gehackt
- 3 Knoblauchzehen, gehackt
- 1 Tasse Ananasstücke
- 1 Tasse Kokosmilch
- 1 rote Paprika, gewürfelt
- 4 Tassen Gemüsebrühe
- 1 Teelöffel Kurkuma
- Eine Prise Safranfäden
- Salz und Pfeffer nach Geschmack
- 1/4 Tasse Olivenöl

ANWEISUNGEN:

a) In einer Paella-Pfanne Olivenöl bei mittlerer Hitze erhitzen. Gehackte Zwiebeln und Knoblauch hinzufügen; anbraten, bis es weich ist.

b) Calasparra-Reis unterrühren, mit Öl bestreichen und mit den Zwiebeln und dem Knoblauch vermischen.

c) Ananasstücke, Kokosmilch und gewürfelte rote Paprika hinzufügen.

d) Gemüsebrühe und Safranfäden angießen. Mit Kurkuma, Salz und Pfeffer würzen.

e) Kochen, bis der Reis fast fertig ist. Decken Sie die Pfanne ab und lassen Sie es köcheln, bis der Reis vollständig gekocht ist.

f) Heiß servieren.

95. Orangen-Mandel-Paella

ZUTATEN:
- 2 Tassen Arborio-Reis
- 1 Zwiebel, fein gehackt
- 3 Knoblauchzehen, gehackt
- Schale und Saft von 2 Orangen
- 1 Tasse Mandelscheiben
- 1 orangefarbene Paprika, in Scheiben geschnitten
- 4 Tassen Gemüsebrühe
- 1 Teelöffel gemahlener Koriander
- Eine Prise Safranfäden
- Salz und Pfeffer nach Geschmack
- 1/4 Tasse Olivenöl

ANWEISUNGEN:
a) In einer Paella-Pfanne Olivenöl bei mittlerer Hitze erhitzen. Gehackte Zwiebeln und Knoblauch hinzufügen; anbraten, bis es weich ist.
b) Arborio-Reis einrühren, mit Öl bestreichen und mit den Zwiebeln und dem Knoblauch vermischen.
c) Orangenschale, Orangensaft, gehobelte Mandeln und gehobelte orange Paprika hinzufügen.
d) Gemüsebrühe und Safranfäden angießen. Mit gemahlenem Koriander, Salz und Pfeffer würzen.
e) Kochen, bis der Reis fast fertig ist. Decken Sie die Pfanne ab und lassen Sie es köcheln, bis der Reis vollständig gekocht ist.
f) Heiß servieren.

96. Apfel-Rosinen-Paella

ZUTATEN:
- 2 Tassen Bomba-Reis
- 1 Zwiebel, fein gehackt
- 3 Knoblauchzehen, gehackt
- 2 Äpfel, gewürfelt
- 1/2 Tasse Rosinen
- 1 gelbe Paprika, gewürfelt
- 4 Tassen Gemüsebrühe
- 1 Teelöffel Zimt
- Eine Prise Safranfäden
- Salz und Pfeffer nach Geschmack
- 1/4 Tasse Olivenöl

ANWEISUNGEN:
a) In einer Paella-Pfanne Olivenöl bei mittlerer Hitze erhitzen. Gehackte Zwiebeln und Knoblauch hinzufügen; anbraten, bis es weich ist.
b) Bomba-Reis einrühren, mit Öl bestreichen und mit den Zwiebeln und dem Knoblauch vermischen.
c) Gewürfelte Äpfel, Rosinen und gewürfelte gelbe Paprika hinzufügen.
d) Gemüsebrühe und Safranfäden angießen. Mit Zimt, Salz und Pfeffer würzen.
e) Kochen, bis der Reis fast fertig ist. Decken Sie die Pfanne ab und lassen Sie es köcheln, bis der Reis vollständig gekocht ist.
f) Heiß servieren.

97. Feigen-Walnuss-Paella

ZUTATEN:
- 2 Tassen Calasparra-Reis
- 1 Zwiebel, fein gehackt
- 3 Knoblauchzehen, gehackt
- 1 Tasse frische Feigen, geviertelt
- 1/2 Tasse Walnüsse, gehackt
- 1 rote Paprika, in Scheiben geschnitten
- 4 Tassen Gemüsebrühe
- 1 Teelöffel getrockneter Thymian
- Eine Prise Safranfäden
- Salz und Pfeffer nach Geschmack
- 1/4 Tasse Olivenöl

ANWEISUNGEN:
a) In einer Paella-Pfanne Olivenöl bei mittlerer Hitze erhitzen. Gehackte Zwiebeln und Knoblauch hinzufügen; anbraten, bis es weich ist.
b) Calasparra-Reis unterrühren, mit Öl bestreichen und mit den Zwiebeln und dem Knoblauch vermischen.
c) Geviertelte frische Feigen, gehackte Walnüsse und geschnittene rote Paprika hinzufügen.
d) Gemüsebrühe und Safranfäden angießen. Mit getrocknetem Thymian, Salz und Pfeffer würzen.
e) Kochen, bis der Reis fast fertig ist. Decken Sie die Pfanne ab und lassen Sie es köcheln, bis der Reis vollständig gekocht ist.
f) Heiß servieren.

98. Birnen-Gorgonzola-Paella

ZUTATEN:

- 2 Tassen Arborio-Reis
- 1 Zwiebel, fein gehackt
- 3 Knoblauchzehen, gehackt
- 2 reife Birnen, gewürfelt
- 1/2 Tasse Gorgonzola-Käse, zerbröselt
- 1 gelbe Paprika, gewürfelt
- 4 Tassen Gemüsebrühe
- 1 Teelöffel Rosmarin
- Eine Prise Safranfäden
- Salz und Pfeffer nach Geschmack
- 1/4 Tasse Olivenöl

ANWEISUNGEN:

a) In einer Paella-Pfanne Olivenöl bei mittlerer Hitze erhitzen. Gehackte Zwiebeln und Knoblauch hinzufügen; anbraten, bis es weich ist.

b) Arborio-Reis einrühren, mit Öl bestreichen und mit den Zwiebeln und dem Knoblauch vermischen.

c) Gewürfelte reife Birnen, zerbröckelten Gorgonzola-Käse und gewürfelte gelbe Paprika hinzufügen.

d) Gemüsebrühe und Safranfäden angießen. Mit Rosmarin, Salz und Pfeffer würzen.

e) Kochen, bis der Reis fast fertig ist. Decken Sie die Pfanne ab und lassen Sie es köcheln, bis der Reis vollständig gekocht ist.

f) Heiß servieren.

99. Himbeer-Brie-Paella

ZUTATEN:
- 2 Tassen Bomba-Reis
- 1 Zwiebel, fein gehackt
- 3 Knoblauchzehen, gehackt
- 1 Tasse frische Himbeeren
- 1/2 Tasse Brie-Käse, gewürfelt
- 1 orangefarbene Paprika, in Scheiben geschnitten
- 4 Tassen Gemüsebrühe
- 1 Teelöffel Balsamico-Essig
- Eine Prise Safranfäden
- Salz und Pfeffer nach Geschmack
- 1/4 Tasse Olivenöl

ANWEISUNGEN:
a) In einer Paella-Pfanne Olivenöl bei mittlerer Hitze erhitzen. Gehackte Zwiebeln und Knoblauch hinzufügen; anbraten, bis es weich ist.
b) Bomba-Reis einrühren, mit Öl bestreichen und mit den Zwiebeln und dem Knoblauch vermischen.
c) Fügen Sie frische Himbeeren, gewürfelten Brie-Käse und geschnittene orangefarbene Paprika hinzu.
d) Gemüsebrühe und Safranfäden angießen. Mit Balsamico-Essig, Salz und Pfeffer würzen.
e) Kochen, bis der Reis fast fertig ist. Decken Sie die Pfanne ab und lassen Sie es köcheln, bis der Reis vollständig gekocht ist.
f) Heiß servieren.

100. Kiwi- und Macadamianuss-Paella

ZUTATEN:

- 2 Tassen Calasparra-Reis
- 1 Zwiebel, fein gehackt
- 3 Knoblauchzehen, gehackt
- 2 Kiwis, geschält und in Scheiben geschnitten
- 1/2 Tasse Macadamianüsse, gehackt
- 1 grüne Paprika, gewürfelt
- 4 Tassen Gemüsebrühe
- 1 Teelöffel Limettenschale
- Eine Prise Safranfäden
- Salz und Pfeffer nach Geschmack
- 1/4 Tasse Olivenöl

ANWEISUNGEN:

a) In einer Paella-Pfanne Olivenöl bei mittlerer Hitze erhitzen. Gehackte Zwiebeln und Knoblauch hinzufügen; anbraten, bis es weich ist.

b) Calasparra-Reis unterrühren, mit Öl bestreichen und mit den Zwiebeln und dem Knoblauch vermischen.

c) Gewürfelte Kiwis, gehackte Macadamianüsse und gewürfelte grüne Paprika hinzufügen.

d) Gemüsebrühe und Safranfäden angießen. Mit Limettenschale, Salz und Pfeffer würzen.

e) Kochen, bis der Reis fast fertig ist. Decken Sie die Pfanne ab und lassen Sie es köcheln, bis der Reis vollständig gekocht ist.

f) Heiß servieren.

ABSCHLUSS

Da wir die letzten Seiten von „Reis, Gewürze und alles Schöne: Die Paella-Bibel" erreicht haben, hoffen wir, dass Sie das Abenteuer in das Herz der spanischen kulinarischen Exzellenz genossen haben. Egal, ob Sie klassische Paellas nachgekocht oder mit innovativen Variationen experimentiert haben, wir vertrauen darauf, dass Ihre Geschmacksknospen die Essenz Spaniens genossen haben.

Denken Sie daran, Paella ist mehr als nur ein Gericht; Es ist ein Fest der Kultur, ein Zeugnis der Freude am Teilen und eine Leinwand für Ihre kulinarische Kreativität. Während Sie Ihre kulinarischen Erkundungen fortsetzen, mögen die Aromen Spaniens in Ihrer Küche verweilen und der Geist der Paella Ihre Kochbemühungen bereichern.

Vielen Dank, dass Sie uns auf dieser gastronomischen Reise begleiten. Mögen Ihre Paellas immer mit Reis, Gewürzen und allem Schönen gefüllt sein. Genießen!

www.ingramcontent.com/pod-product-compliance
Lightning Source LLC
Chambersburg PA
CBHW071322110526
44591CB00010B/985